안녕, 나의 명랑한 우울들

안녕, 나의
명랑한 우울들

정말빛 에세이

프롤로그 혼자만 아니면 괜찮아   8

1장
너에겐 명랑할게

처음 선생님	15
작은 학교, 작은 아이들	19
몸치 박치	24
소수정예	31
전염병	36
신라의 달밤	42
어느 멋진 날	47
다 계획이 있었다	53
마법 가위	60

고래가 된 실수	64
나는 예쁘다	68
도시락	73
자화상	79
모두 다 꽃이야	83
또로로로로로	88
나만 바라봄	92
하지마라꼬	96
아주 특별한 산책	101
빨간 립스틱	106
에필로그 #1 너는 내 운명	114

2장
안녕, 나의 명랑한 우울들

가시의 힘	125
번아웃	132

허물을 벗어던지듯	138
페르소나	144
폭우	149
짧은 머리 그 여자	154
엄마는 좋다	157
선호에게	162
칭찬 파티	166
무릎 딱지	171
공간이 주는 당연함	175
혼자	178
알람	183
흰수염고래	188
여기는 동행입니다	191
새 친구들	195

에필로그 #2 명랑의 이유   202

혼자만 아니면
괜찮아

'명랑한 우울증 환자'

내 프로필 가장 잘 보이는 곳에 써 놓은 문구다. 나는 우울증 환자다. 명랑하다는 치명적 매력을 가지고 있다. 어울릴 것 같지 않은 둘이 내 안에 존재하고, 어느 것도 내가 아니라고 부정하고 싶지 않다. 그냥 나는 그런 사람이다.

내 명랑함의 원동력이 우울이라고 하면 이해할 수 있을까? 우울함을 감추기 위해 더 악착같이 애쓰는 삶을 살고 있다. 나의 명랑함은 생존을 위한 갑옷과 같은 것이다. 병을 인정하기 전까지 나는 매우 감정적이고 예민한 사람이라고만 여기고 있었다. 그래서 내 MBTI는 FFFF이다. 감정, 감성, 예민, 명랑.

나의 우울은 기척도 없이 찾아온다. 방구석에 몸을 누이고 모든 빛을 차단한 나는 가쁜 숨을 몰아쉰다. 나는 아프다고, 힘들다고 소리 내어 말하고 싶지만, 이불 끝으로 입을 틀어막고 소리 없이 소리를 지른다. 딱 사라지고 싶다. 살아내기 위해 양껏 나를 치장하고 더 큰소리로 떠들며 사람들을 대한다. 나의 우울을 들키고 싶지 않다. 선생님이라는 직업이 나의 명랑을 좀 더 짙게 했다. 사랑하는 아이들을 위해서 울고 있을 수는 없으니 말이다.

더 이상 혼자 힘으로 버티기 버거운 지점에 이르렀을 때 나는 정신과 병원을 찾았고 우울증을 인정했다. 그리고 성실히 치료받으며 보통의 삶에 다가가고 있다. 나를 부끄럽게 여기고 꽁꽁 감추려던 강박에서 벗어나니 살 만하다. 일상에서 느끼는 소소한 행복에 감사할 줄 알게 되었고, 약의 도움으로 잠들기는 하지만 불면의 밤에 고통스러워하지 않는다.

나는 조금씩 나아지고 있지만, 평생 이 병을 친구 삼아 살아가야 할지도 모른다. 하지만 더 이상 절망하지 않기로 했다. 타인의 시선을 두려워하며 가면으로 가리던 내 진짜 모습을 세상에 드러냈고, 세상이 내미는 손을 잡으며 사람들 속에서 살아갈 수 있으리라는 희망이 생겼기 때문이다. 내가 살아온 조금 특별한 시간과 경험이 아직 어둠 속을 혼자 방황하는 이들에게 내미는 낯선 이의 작은 손길이 되기를 바란다.

1장
너에겐 명랑할게

처음 선생님

　지금은 폐교되어 없어진 작은 화개초등학교에서 나는 처음으로 선생님이 되었다. 진주에서 시외버스를 타고 한 시간 남짓 가면 하동군 터미널에 도착한다. 거기서 시내버스를 타고 섬진강 변을 따라 평사리 최참판댁을 지나 10여 분을 더 가면 화개초등학교 부덕분교장이 모습을 드러낸다. 그곳에서 내 이야기는 시작된다.

　임용고시에 합격하고도 바로 발령을 받지 못해 아버지

에게 눈칫밥을 먹던 나는, 기간제 자리라도 구해보려 동분서주했다. 주변에 선생님은커녕 교육청 직원 한 명 없던 터라 구직이 쉽지 않았다. 게다가 지금처럼 출산 휴가가 길지도 않았고, 선생님들의 휴직이 자유롭게 보장되던 시기도 아니었기에 기간제 교사가 많이 필요하지 않던 시절이었다.

겨울 방학을 한 달여 앞둔 11월 초 친구에게서 연락이 왔다. 작은아버지가 근무하는 학교에서 기간제 교사를 구한다며 나를 소개해줬다. 친구의 작은아버지를 만나 간단한 면접을 보고 바로 채용되었다. 그런데 집에서 출근만 두 시간 이상 걸리는 학교였다. 어디 있는지도 모르는 작은 학교에 나는 무슨 용기로 갈 수 있다고 말했을까? 선생님이 되고 싶었다. 아주 간절하게.

나는 길치라 길을 익히고 출근 시간을 가늠해 볼 요량으로 미리 학교에 다녀와 보기로 했다. 집에서 버스를 세 번 갈아타고 도착한 작은 학교는 조용하다 못해 쓸쓸한 기운이 감돌았다. 지어진 지 오래된 건물에 운동장의 놀이기구도 낡고 초라해 보였다. 학교를 돌아보고 있는데 숙직실 담당자가 다가와 누구냐고 물었다. 사정을 설명하고 인사를 했다.

"진주에서 차 없이 다니기는 힘들긴데?"

"괜찮습니다. 일찍 준비하면 됩니다. 월요일에 뵙겠습니다."

말은 그렇게 했지만 조금은 걱정이 됐다. 출근 시간에 맞추어 학교에 도착하려면 아침 6시에 첫차를 타고 나와야 했다. 겨울이라 춥고 어두울 것을 생각하니 좀 막막했다. 하지만 다른 방법이 없었다. 그리고 그때는 선생님이 될 수 있다면 무엇이든 다할 각오가 되어 있었다. 내 급한 성격 탓인지, 기다린 시간의 지루함 때문인지 빨리 학생들을 만나고 싶다는 생각밖에 없었다.

첫 출근에 필요한 것들을 준비했다. 사실 준비라고 해야 깨끗한 옷차림과 서류 몇 장이 전부였지만 처음이라는 설렘 때문에 왠지 많은 것을 챙겨야 할 것만 같았다. 그때 낯선 번호로 전화가 왔다.

"혹시 정말빛 선생님이신가요? 저는 부덕분교 유치원 교사 김유정입니다. 차가 없어서 출근하시기 어려울 거라고 해서요. 집이 어느 쪽이세요?"

"안 그래도 걱정이 많았는데, 감사해요. 제가 선생님 계신 곳으로 가겠습니다."

다행이었다. 멀리서 다닐 신입 교사의 출퇴근을 걱정해 준 선배 선생님, 얼굴도 본 적 없는 낯선 사람과의 출근길 동행을 흔쾌히 응해준 작은 학교의 동료 선생님에게 벌써 따뜻한 마음이 느껴졌다. 월요일 아침 작은 자동차를 타고 굽이굽이 산을 넘고 강을 건너 작은 학교에 도착했다.

나는 검정 치마에 하얀 블라우스, 남색 니트 카디건을 입고 단발머리를 단정히 빗어 넘겼다. 작은 가방에 서류 봉투를 든 손이 미세하게 떨리고 있었다. 강바람 탓이었는지, 떨리는 내 마음 탓이었는지 잘 모르겠다. 그렇게 선생님의 세계에 첫발을 내디뎠다. 섬진강이 바로 보이는 아름다운 화개초등학교 부덕분교장에서.

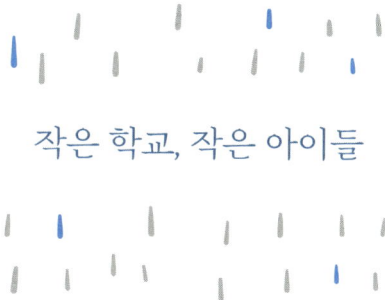

작은 학교, 작은 아이들

　유정 선생님을 따라 돌계단을 올라갈 때 내 뾰족구두에서 또각또각 소리가 유난히 크게 들렸다. 전 직원이 선생님 네 명과 숙직 아저씨까지 다섯 명뿐인 정말 작은 학교였다. 전교생 32명. 전 학년이 복식학급(두 학년 이상이 한 학급에서 수업하는 학급 형태)이었고, 나는 1~2학년 담임을 맡았다. 미세한 떨림이 진정되지 않은 채 교실을 안내받았다.

　교실에는 아이들이 올망졸망 모여 소꿉놀이를 하고 있었다. 처음 보는 젊은 여선생님이 신기했는지 하던 일을 멈추고 내 쪽으로 우르르 모여들었다. 낯선 기운을 깨고 싶어 내가 먼저 밝게 인사했다.

"안녕하세요."

"누구세요? 새 선생님이에요?"

분교장 선생님이 아이들에게 나를 소개해주었다.

"너그들 새로 오신 선생님이다. 인사해라."

"안녕하세요!"

아이들 목소리가 쩌렁쩌렁 울렸다.

"선생님, 처음이라 잘 모르는 거 있으면 물어보고, 잘해보소."

그곳은 풍경화 속에 그려진 작은 학교 모습 그대로 시간이 멈춘 곳 같았다.

처음이라 무엇을 해야 할지 잘 몰랐다. 작은 친구들과 빨리 친해지고 싶었다. 쉬는 시간 교무실에 들러 선배 선생님들께 오늘 일과에 관해 물어보니 그냥 놀면서 아이들을 익히라고 했다. 몇 명 되지 않는 아이들이지만 이것저것 관심을 가지고 볼 것이 많다고 했다.

교실로 돌아와 그림 그리기를 했다.

"선생님, 뭐 그려요?"

"음, 우리 학교 그려볼까?"

"그거는 벌써 많이 했어요. 따른 거 그려요."

2학년 석진이가 투덜거렸다.

"뭐 그리고 싶은데?"

"선생님 그려줄까요?"

"정말? 좋아."

"나는 사람 잘 못 그린다고. 오빠는 왜 마음대로 정하는데."

"내가 2학년 오빠니까 그렇지."

아이들은 저마다 하고 싶은 말을 쏟아냈고 교실은 이내 소란스러워졌다. 나는 어찌할 바를 모르고 멍하니 아이들을 바라만 봤다.

"선생님이 정해줘야죠. 뭐 그려요?"

정신이 번쩍 들었다. 내가 선생님이었지. 2학년 민진이가 나를 부르지 않았다면 계속 넋 놓고 있었을지도 모른다.

"그럼 오늘은 자기가 그리고 싶은 것을 그리자. 선생님에게 가장 자신 있는 그림 그려서 자랑하기. 어때?"

"그럼 로보트 그려도 되는 거예요?"

"그럼, 너희들 그리고 싶은 것 마음대로 그려."

신이 난 아이들은 스케치북에 열심히 그림을 그렸다. 꽃밭을 그리고, 별을 그리고, 나를 그려준 아이도 있었다. 내가 옆을 지날 때 그림을 내보이며 자랑하기도 하고 슬쩍 뒤로 감추는 부끄럼쟁이도 있었다.

첫날은 그림을 그리고 노래를 부르며 신나는 하루를 보냈다. 잘 놀았다. 하교하는 아이들이 물었다.

"선생님, 내일도 올 거죠?"

그 한마디에 가슴이 뭉클했다. 나를 선생님이라 부르는 아이들이 내일도 이곳에서 나를 기다려준다는 사실만으로 진짜 선생님이 된 것을 실감할 수 있었다.

처음이라 미숙했고 무엇을 어떻게 해야 할지 몰라 머릿속이 하얗게 변해버린 하루였지만 아이들이 웃어주었고 우리는 같이 노래를 불렀다. 시간이 지나도 짧은 하루의 기억이 지워지지 않는 것은 '내일'이라는 단어 때문이었던 것 같다. 앞으로 수많은 내일을 선생님으로 지낼 수 있다는 것이 나를 설레고 행복하게 했다.

그곳에서 내 교직의 첫 크리스마스 파티를 아이들과 함께했다. 도화지를 잘라서 만든 작은 별들을 교실 곳곳에 붙이고 각자의 소원을 적은 카드를 빨간 주머니에 넣어 두었다. 석진이의 소원은 할머니가 아프지 않는 것이었고, 1학년 수아의 소원은 빨간 구두를 가지는 것이었다. 민진이는 엄마를 만나게 해달라고 작은 글씨로 써 놓았다. 아이들이 써 놓은 카드를 읽고 내 카드에 이렇게 적었다.

'아이들의 소원이 이루어지게 해주세요.'

강가에 있는 작은 학교, 작은 아이들의 소원은 과연 이루어졌을까?

몸치 박치

한 세기의 마지막 해인 1999년, 나는 드디어 정식 발령을 받았다. 선생님이 되었다. 1학년 아이들과 나는 같이 입학한 신입생이었다. 아무것도 모르고 선배 선생님들을 따라 입학식을 치렀고, 엄마 오리가 새끼 오리들을 몰고 가듯 줄을 선 아이들을 데리고 교실로 향했다. 교실에 들어가서야 그 맑고 빛나는 눈을 바로 볼 수 있었다. 우리 반 아이들은 유난히 빛났다. 그때 그 얼굴들을 아직도 선명하게 기억

한다.

아이들은 놀란 토끼 눈으로 나를 바라보았고 엄마들은 젊은 여선생님에 대한 기대에 찬 눈빛을 감추지 않았다. 1, 2학년 담임은 대부분 경력이 많은 베테랑 교사에게 주어진다. 돌발상황이 빈번하게 발생해 그 일에 민첩하게 대응하고 수습할 수 있는 노하우가 필요하기 때문이다. 이런 깊은 사정을 알지 못하는 학부모들은 이십 대인 내가 마냥 좋았나 보다.

한 주의 시간이 어찌 흘렀는지도 모르겠다. 첫 수업 시간에 1학년 노래를 열심히 불렀고 오후에는 출석부를 만들었다. 토요일 오전이 되어서야 일주일 업무가 끝났다. 퇴근 준비 중에 학년주임 선생님이 교실로 찾아왔다.

"정 선생 무용 좀 만들어 오세요. 다음 주부터 운동장에서 무용 수업이 있어요. 다섯 곡 정도면 될 것 같네요."

"선생님, 무슨 말씀이신지 잘 모르겠어요."

주임 선생님은 1학년 학교 적응 활동 기간인 2주 동안 동요에 맞춰 율동을 가르쳐야 한다고 했다. 그게 다였다. 나의 주말은? 내가 타고난 몸치인 건 알려나?

　교대 체육 수업에 무용이 왜 있었는지 이제야 알게 되었고, 초등학교 시절 운동회 때 부채춤을 가르치며 악을 쓰던 담임 선생님 얼굴도 스쳐 지나갔다. 하지만 왜 대학 무용 수업에 동요 율동은 안 배우고 나무를 표현하는 춤만 췄던가? 아무짝에 쓸모없는 것 말고 현장에서 꼭 필요한 걸 가르쳤으면 좋았으련만. 어느 직업이든 필요한 건 다 현장에서 배운다더니 틀린 말 하나 없다는 불만을 구시렁구시렁하며 주임 선생님이 주신 동요 카세트테이프를 들고 자취방으로 향하는 발걸음은 천근만근이었다.

　가난한 자취생이었던지라 라면 두 개로 점심을 때우고 일단 낮잠을 한숨 잤다. 자고 일어나니 기분이 상쾌한 것이 고민 따위는 사라져버렸다. 어떻게든 되겠지. 테이프를 넣고 음악을 틀었다. '우리들은 1학년 어서어서 배우자.' 노래가 흘러나오고, 내 몸이 움직였다. 박자가 딱딱 맞다. 이게 뭔 일인가? 나에게 이런 재능이! 1절, 간주, 2절까지 단번에 해치웠다. 완벽하다. 기분이 좋아 혼자서 엉덩이를 실룩

거렸다. 한번에 끝내자. 다섯 곡을 연달아 몸을 움직였다. 동작이 몸에 착착 감기는군. 눈앞에 아이들이 환호하는 모습이 그려졌다. 연예인들이 무대를 떠나지 못하는 벅찬 감정이 이런 것일까?

"좋아. 다시 한번 해보자."

첫 곡을 다시 켰다. 그럼 그렇지. 첫 번째 안무가 전혀 기억나지 않고 새로운 안무가 탄생 중이었다. 기록이 이래서 중요한 거구나. 빈 연습장에 졸라맨으로 동작과 설명을 써나가며 8박자씩 잘랐다. 다섯 곡의 율동이 거의 같았다. 내 창의성의 한계치는 딱 거기까지였나보다. 30분 전까진 천재인 줄 알았는데 지금은 절망이다. 나라는 인간은 이렇게 단순하다.

누가 노크를 했다. 주인 아주머니다.

"아가씨 시간이 늦었는데 음악이 크네. 뭘 한다고 그렇게 허우적거리고 있어? 에어로빅 강사는 아닌 것 같고, 뭐 하는 거야?"

"아. 그냥 지루해서 춤추고 있었어요."

"특이하네. 암튼 아가씨 방이 우리 집 거실이랑 연결되어 있어. 내일 해요."

허.우.적.거.리.다.

표현 한번 안성맞춤이었다. 음악을 끄고 혼자 마음속으로 노래를 부르며 밤을 꼴딱 새웠다. 걱정거리가 있으면 잠을 자지 못하니 안 자는 게 당연한 상황이었다. 연습장을 보니 얼추 완성이 되는 중이었고 밤샘의 노력으로 내 허우적거림에서 율동 티가 조금은 났다.

주말 아침 10시부터 음악을 켜고 거울 앞에 서서 재롱잔치에 나온 어린아이의 심정으로 춤을 추었다. 어제에 비해 많이 좋아졌다. 몸에 익히기까지 백 번은 더 연습했다. 첫 임무를 잘 해내고 싶은 병아리의 간절한 몸부림은 그 후로도 계속되었다.

월요일 아침이 밝았다. 테이프를 잃어버리지 않게 단단히 챙기고 무대 의상도 꼼꼼히 신경 썼다. 나의 데뷔 무대 의상은 하얀색 원피스에 하늘색 니트 카디건. 예뻤다. 2교시가 되어 1반부터 9반까지 거의 사백 명의 학생들이 운동장에 모였다. 그뿐인가. 보호자들도 뒤에서 지켜보고 있었다. 그 시절에는 학기 초에 거의 한 달을 보호자들이 학교에 상주했다. 매일 학부모 공개 수업 분위기였던 시절이다.

음악이 흐르고 나는 춤을 춘다. 한 마리 나비처럼, 양껏 나를 뽐낸다. 무아지경에 빠진다. '나비야, 나비야, 이리 날아오너라.' 오른팔, 왼팔, 앞으로 한 발, 뒤로 한 발. 나를 바라보는 우리 반 아이들의 눈빛이 자랑스러움으로 가득 차고 보호자들이 환호성을 질렀다…면 얼마나 좋았을까?

수업 시작 전 학년 선생님들 앞에서 미리 시범을 보였다. 선생님들도 동작을 대략 알고 있어야 지도할 수 있기 때문이다. 나를 뚫어져라 주시하는 선배님들 앞에서 음악에 맞추어 춤을 췄다.

"정 선생, 방향을 거꾸로 하면 어떡해?"

주임 선생님 목소리가 앙칼졌다.

"거울 모드 몰라요? 모든 율동은 오른쪽이 먼저지. 정 선생이 오른쪽이면 애들은 왼쪽이라고. 그것도 생각 안 했어? 대학에서 뭘 배운 거요?"

오른쪽, 왼쪽이 무에 그리 중요하다고 저렇게까지 면박을 주나. 대학에서는 왜 거울 모드를 가르쳐주지 않았을까. 이틀 밤낮을 고생하고 이게 무슨 꼴인가.

나의 사기는 바닥을 쳤고 좀 전까지 화려한 데뷔 무대를 꿈꾸던 나는 미운 오리 새끼가 되어 물속에서 혼자 허우적거리는 기분이었다. 다행히 왕언니 선생님이 말려주셨고, 나는 1교시 수업을 하는 둥 마는 둥 머릿속으로 거울 모드 시뮬레이션을 돌렸다.

조회대 위에 올라섰는데 사지가 떨리고 눈앞이 하얘졌다. 한 시간 전까지만 해도 무대를 장악하리라 자신했는데….

음악이 흘렀다. '나비야, 나비야, 이리 날아오너라.' 오른쪽 왼쪽 몸과 노래가 따로 놀고 기억과 현실이 뒤엉켜 엉망진창 난리도 아니었다. 아이들은 어느 쪽이 맞는지 몰라 갈팡질팡하고 지켜보는 사람들은 웃지도 울지도 못했다. 그렇게 왕초보 선생님의 하루가 또 지나가고 있었다.

소수 정예

80년대 초 우리나라 토종 청소년 단체가 만들어졌다. 바로 한국청소년연맹으로 초등학교에서는 '아람단', 중학교에서는 '누리단'이라는 이름으로 활동했다. 아람단은 단복이 참 예뻤다. 청바지에 하늘색 티셔츠와 청조끼, 그리고 베레모를 쓴 모습이 스카우트 전통 복장보다 세련되게 느껴졌다.

내가 국민학교 5학년일 때 우리 반 다정남 진영이는 아람단이었다. 진영이는 여자들에게 인기가 아주 많았는데, 곱상한 외모에 말을 예쁘게 하고 여자를 절대 괴롭히지 않는 신사적인 아이였다. 그런 진영이가 아람단에 가입해 단복을 입고 학교에 왔을 때 나는 사실 좀 반했었다. 강렬한 기억이었다.

발령받은 열한 명의 신규 교사들이 학교의 청소년 단체를 하나씩 맡아 운영해야 했다. 나는 단복이 예뻐 어릴 적 동경의 대상이었던 아람단 지도 교사가 되었다. 인지도가 떨어져서인지 단원이 불과 열세 명에 불과했다. 스카우트 대원이 백여 명인 것에 비하면 초라했다. 나는 열세 명의 학생들과 함께 2년간 단체를 운영했다. 학급 담임과는 다른 재미가 있었다. 소수라서 관계가 더 돈독했고 우린 어딜 가든 똘똘 뭉쳤다.

발대식에 대표로 나가 선서를 하던 우리 아람단의 6학년 철중이는 누구보다 우렁차게 단단한 목소리로 선서문을 낭독했다. 자랑스러웠다. 발대식을 마치고 6개 단체가 합동으로 수련회를 갔다. 아이들이 직접 텐트를 치고 야영 준비를 했다. 철중이는 아람단 3년 차 학생이어서 그런지 생각보다 아이들을 잘 인솔했고 나보다 날렵한 솜씨로 텐트를 쳤다. 텐트를 치고 짐을 풀더니 철중이가 나에게 다가왔다.

"선생님 텐트는 안 쳐요? 제가 도와드릴게요."

"선생님은 밤에 잠을 안 자기로 했어. 너희들 잘 자는지 살펴야 해서. 걱정하지 마."

"선생님은 우리가 지켜드릴게요. 걱정하지 마세요."

열세 살 아이의 말치고는 참 의젓했다.

***

여름 수련 활동을 갔을 때의 일이다. 전문 강사들이 수업을 진행하고 지도 교사는 아이들의 인솔과 보조 역할을 맡았다. 고무보트를 타고 호수로 나가 구명조끼를 입고 입수해 물에서 안전하게 빠져나오는 훈련을 했다. 나는 수영을 못할 뿐만 아니라 물을 무서워한다. 나와 여러 번 활동을 다닌 아이들은 모두 알고 있었다. 하지만 아이들을 인솔해야 했기에 같이 보트에 올랐다. 보트에 오르는 순간부터 내 온몸은 초긴장 상태였다.

조교는 아이들을 놀리려는지 일부러 배를 기우뚱거리게 했고, 나는 눈물이 나기 직전이었다.

"마지막으로 선생님 입수합니다!"

"안 돼요, 우리 선생님 수영 못 해요."

아이들이 놀라서 말리자 어린 조교들은 장난기가 발동했는지 나를 물에 던져버렸다. 그들의 돌발 행동에 나는 정신을 못 차리고 살려달라 소리쳤고 아이들은 눈물바다가 되었다.

"우리 선생님 살려주세요!"

아이들 소리에 놀란 다른 학교 선생님들이 뛰어왔고 당황한 조교들은 어찌할 바를 몰랐다. 허우적거리는 나를 보고 이웃 학교 남자 선생님이 물로 걸어들어와서 나를 진정시켰다. 물의 깊이는 내 가슴 조금 아래였다. 그 사이 아이들이 조교 둘의 머리를 잡아당기고 물어뜯어 그들도 초주검이 되었다.

땅에 내려서자마자 아이들은 나를 안고 서러운 눈물을 흘렸다. 뜨거운 동지애였다. 소수 정예임이 분명했다. 같이 먹고 같이 자고 같이 밤을 새우는 일은 관계에 특별함을 주는 힘이 있는 듯하다. 그날의 나는 열세 명의 부대원들과 전장에서 승리하고 돌아온 장수의 기분을 만끽했다.

전염병

갓 입학식을 치른 1학년 아이들은 감정 기복이 심하다. 그리고 감정 하나하나에 모든 에너지를 싣는다. 거기에 장단을 맞추려면 나의 명랑한 가면은 더욱 두껍고 견고해져야 했다. 그렇지 않으면 기운이 달려 언제 나의 우울한 맨얼굴이 튀어나올지 모르기 때문이다. 그때를 기억하면 속으론 울면서도 영혼까지 끌어모아 가면을 움켜쥐던 가여운 내가 떠오른다.

1학년 입학식을 마치고도 두어 달이 지났을 때였다. 우리 반 경호와 민준이는 6세 아이 같았다. 경호는 '선생님'이라는 발음이 안 돼서 나를 '섬샘미'라고 불렀고, 민준이는 "학교에서는 선생님이 엄마라고 생각해."라고 하자마자 나를 '엄마'라고 불렀다. 어미 닭을 쫓아다니는 병아리처럼 두 남자아이는 나를 쫓아다니며 내 치마를 얼마나 잡고 매달리던지 가끔은 집에 있는 우리 아들보다 더 아들 같단 생각도 들었다.

경호와 민준이는 급식 시간마다 서로 내 옆에 앉겠다고 다투었다. 한 녀석이 괜찮으면 한 녀석이 울고, 둘 다 나한테 혼이라도 나는 날이면 잔뜩 골이 난 눈빛으로 나를 노려보며 밥을 먹지 않고 떼를 썼다. 나에게 그건 엄청난 사랑과 신뢰의 느낌이었다. 그렇게 아이들의 사랑을 한 몸에 받을 때면 마치 구름 위를 걷는 기분이었다. 사랑한다는 말과 분에 넘치는 표현들. 과연 누가 이토록 솔직하고 과하게 애정을 표현해준단 말인가. 점차 우울에 잠식되어 가던 나는 학교에서만은 에너지가 충전되는 기분이었다. 비록 일이 끝나고 교문을 나서는 순간 애써 끌어모은 내 '명랑함'이 소멸할지라도 다른 선택은 없다고 믿었다.

학부모 공개 수업일이 되었다. 1학년은 보호자가 아이들의 학교 생활에 관심이 많아 참석자가 유난히 많다. 나는 공개 수업에서 평소 아이들의 자연스러운 생활 모습을 보여주는 것이 좋다. 그날 수업은 국어 '말하기'였다. 보호자들은 자기 아이가 발표하는 모습을 가장 보고 싶어 한다. 한 마디라도 자연스럽게 말할 수 있도록 평소처럼 밝은 수업 분위기를 이어갔다. 저학년 수업에서 나의 텐션은 최고치를 찍는다.

수업이 한창인데 경호가 손을 들었다.

"섬샘미, 오줌 마려워요."

"화장실 다녀오세요."

"나도 갈래요."

민준이도 손을 들었다. 갑자기 아이들이 낄낄거리며 웃었다. 두 아이는 어른들을 비집고 나가면서 아이들에게 '메롱' 하고 장난을 쳤다. 귀여운 모습에 모두가 웃었지만, 나는 웃을 수가 없었다. 교실 분위기가 술렁였기 때문이다.

옆 반에서는 즐거운 생활 '노래 부르기' 수업이 진행되었다. 경호가 들어오더니 갑자기 내 치마를 잡고 빙빙 돌며 춤을 춘다.

"섬샘미, 우리도 노래해요."

나는 당황해서 얼굴이 시뻘게졌다.

"경호야, 국어 시간 끝나고 우리도 노래 부르자."

민준이는 이미 노래를 부르며 교실을 누볐다. 민준이 어머니는 민준이를 잡으러 다녔다. 어느새 아이들이 모두 일어나 노래 부르고, 춤추고, 뛰어다니고, 보호자들은 아이를 타이르고, 잡으러 다니고 난리도 아니었다.

가면을 꼭 붙잡았다. 심장이 두근거리고 식은땀이 흘렀다. 비명을 지를 뻔했다. 도대체 이 상황을 어떻게 수습해야 할까? 속에선 명랑이와 우울이가 격하게 대치 중이었다. 그 짧은 순간 내 머리에 떠오른 건 비상약이었다. 하지만 이렇게 많은 사람 앞에서, 그것도 수업 시간에 약 먹는 모습을 보일 수는 없었다. 선생님을 무조건 존경의 대상으로 바라봐주던, 한편으론 감사하고 한편으론 그만큼 행동에 제약이 많던 시대였다. 드디어 명랑이가 힘을 냈다. 음악을 틀었다. 결국엔 우리 모두 빙빙 돌며 춤을 추었다. 그렇게 공개 수업이 끝났다. 내 평생 단 한 번의 '대환장파티'였다.

수업이 끝나고 보호자들이 돌아가려는데 이번엔 민준이가 울기 시작했다.

"나도 엄마랑 집에 갈래. 으앙."

"민준아, 학교에서는 선생님이 엄마라고 했지. 우리 급식 먹고 있다가 집에 가자."

"엄마 아니잖아요. 우리 엄마랑 갈래요."

'배신자….'

울음은 전염되는 거였나? 아이들이 하나둘 울기 시작하더니 교실은 결국 울음바다가 되었다. 끝내 민준이는 나를 버리고 엄마와 조퇴했다.

"섬샘미, 우리는 집에 언제 가요?"

"나도 가고 싶다. 집에."

그날은 나도 엄마가 보고 싶었다.

아이들의 명랑함이 전염되는 것이었으면 좋겠다. 언제, 어디서나 하염없이 맑은 눈으로 세상을 보고 밝은 웃음을 내뱉는 아이들의 명랑함에 전염되고 싶다. 우울 따위는 개나 줘버리고.

신라의 달밤

2002년 처음 6학년 담임을 맡았던 해, 우리는 경주로 수학여행을 갔다. 그때 나는 임신 초기였고 유산 가능성이 있어 병가를 냈다가 복직한 지 얼마 되지 않은 때였다. 교장 선생님은 반드시 담임의 인솔을 명했다. 나는 감히 거부할 수 없었다. 그나마 교감 선생님이 어려운 코스를 맡아주기로 했다.

교사이기 이전에 여자였던 나에게 유산은 중요한 문제

였는데도 스스로를 옭아맨 책임감이 더 크게 작용했다. 그때는 왜 나를 소중히 여기지 않았을까? 좋은 선생님이 되겠다는 과한 책임감이 만든 압박감, 그걸 감추려고 장착한 과도한 명랑함, 그럴수록 더 지쳐가는 마음들이 쌓이고 쌓여 나도 모르는 사이 겹겹이 가면을 쓰는 사람이 된 건 아닌지. 꼭 나여야만 한다는 욕심, 존재감을 드러내고 사람들로부터 인정받고자 하는 욕망이 만들어낸 또 다른 자아가 '명랑한 나'였을지도 모르겠다. 비대해진 명랑함의 그늘 아래서 내 우울증은 점점 자라고 있었나 보다.

수원에서 경주까지 버스를 타고 가는 길은 멀고도 지루했다. 임산부의 몸으로 오래 앉아 있기가 쉽지 않았다. 들뜬 마음을 진정시키지 못하고 웃고 떠들며 신이 난 아이들을 보는 게 그나마 힘이 되었다. 나 대신 아이들을 챙기느라 동분서주하는 교감 선생님의 뒷모습이 짠했다.

경주에 도착해 숙소에 짐을 풀고 단체로 불국사 견학을 간 사이 나는 퉁퉁 부은 몸을 숙소에 누이고 최대한 안정을 취했다. 장시간 버스 여행은 임산부에겐 역시 무리였다. 티를 내지 않으려 애써보았지만 몸이 말을 듣지 않았다. 짐을 풀자마자 잠이 들었다.

얼마나 잤을까? 밖에서 시끄러운 소리가 들렸다. 아이들이 돌아와 벌써 저녁 식사 준비를 했다. 퍼뜩 정신을 차리고 밖으로 나가자 아이들이 오히려 내 걱정을 해주었다. 순간 짐짝이 된 것 같아 미안한 마음에 어찌할 바를 몰랐다.

"쌤, 안 아파요?"

"불국사는 잘 보고 왔어?"

"네, 교과서에서 본 것보다 좀 별로였는데 교감 선생님이 설명을 진짜 잘해주셨어요. 교감 선생님은 모르는 게 없어요."

담임이 없어 기죽어 있을까 걱정했는데 의외로 밝은 모습에 다행이란 생각 한편으로 내 빈자리를 느끼지 못하는 서운함도 있었다. 늘 못난 생각이 끼어들었다.

레크리에이션 시간이 되자 경주 유스호스텔 단지 내 불빛들이 번쩍거리고 온 동네가 들썩거렸다. 우리 학교도 질세라 화려한 조명을 쏘아 올리고 아이들이 환호성을 질렀다.

"와!"

나는 한쪽 구석에 앉아 아이들 노는 모습을 구경했다. 아프지만 않았다면 벌써 앞으로 튀어 나가 난리 블루스를 떨며 주책을 부리고 있었을 테다. 그럼 아이들이 더 신나는 걸 알기 때문이다. 나는 내가 맡은 반이 최고로 행복해질 수만 있다면 광대도 피에로도 다 할 수 있는데…. 오늘의 내가 안타까웠다.

댄스 타임이 되자 반별로 원형을 만들고 춤을 추는데 아이들의 춤솜씨가 예사롭지 않았다. 사회자가 반을 부르면 대표로 한 아이가 무대에 올라가 춤을 췄다. 우리 반이 불렸다. 그런데 아무도 무대에 올라가지 않았다. 내 마음이 요동치기 시작했다. 다른 건 다 져도 괜찮다. 하지만 노는 건 지면 안 된다. 뛰는 것도 지면 안 된다. 보다 못한 반 회장이 올라가 손뼉만 치다가 내려왔다. 멀리서 지켜보는데 얼굴이 붉게 달아올랐다. 당시 보아의 〈No.1〉이라는 노래가 유행이었다. 그 노래에 맞춰 아이들이 떼창을 부르며 떼춤을 추는데 우리 반 아이들은 멀뚱멀뚱 서로 눈치만 보고 있었다. 더는 참을 수가 없었다.

아랫배를 부여잡고 아이들 가운데로 걸어 들어갔다. 시선이 나에게로 집중되었다. 둠칫둠칫, 붐바파붐파, 리듬에 몸을 맡기고 웨이브를 탔다. 싸한 기분이 들었다. 내가 몸을 흔들면 흔들수록 우리 반 아이들은 자꾸만 뒷걸음질을 쳤다. 눈빛은 갈 곳을 잃고 흔들렸다. 그러거나 말거나 나는 무아지경에 빠졌다. 아이들이 이쯤에서 동참해주기를 간절히 바랐다. 아랫배가 당겨왔다. '얘들아 제발….'

그때 사회자가 마이크를 잡고 큰소리로 말했다.

"저기요, 2반 가운데, 키 큰 그거 누구죠?"

설마 선생이라고는 상상 못한 사회자의 '키 큰 그거'라는 말에 결국 힘이 쭉 빠져버린 야속한 신라의 달밤이었다.

어느 멋진 날

아침에 일어나면 약 기운이 완전히 깰 때까지 물을 마시고 침대에 앉아 숫자를 센다. 되도록 온도가 낮은 물에 샤워를 한다. 배가 부르면 졸릴까 공복을 유지하고 진한 커피를 마신다. 잠들기 전 먹는 수면제와 항우울제가 내 몸속에서 완전히 배출되기를 바라며 할 수 있는 최대한의 노력을 다한다. 덕분에 학교로 향하는 내 발걸음은 언제나 가볍다.

***

"선생님도 읽어보실래요?"

책 읽기를 좋아하던 열한 살 학생의 한마디가 '그림책 정말빛 선생님'을 만들었다.

"민지야, 너는 왜 그림책을 읽어? 다른 친구들처럼 4학년 추천 도서를 읽는 건 어때?"

독서 수준이 꽤 높은 친구가 그림책을 읽는 이유가 궁금했다. 무슨 문제가 있나 솔직히 걱정도 됐다. 그 시절 나는 그림책을 유아용 도서 정도로 생각하고 있었다.

"선생님, 그림책이 얼마나 재미있는데요. 전 그림 그리기도 좋아하는데 그래서 배울 것도 많아요."

방긋 웃으며 아이가 내민 책은 오현경이 쓰고 김장성이 그린 《민들레는 민들레》였다. 진한 하늘색 배경에 민들레가 그려진 책표지를 보고 책장을 한 장 한 장 넘기는데 심장이 두근거리고 소름이 돋았다. 그 짧은 시간 머릿속이 하얘지면서 수많은 감정이 교차했다. 그날의 감동을 시작으로 나는 그림책 선도사가 되었다.

나는 수업 자료로 그림책을 애용한다. 주 2~3회 그림책을 읽고 자신이 느낀 점이나 책의 몇 줄을 필사하게 한다. 처음에는 시큰둥하던 고학년 아이들도 그림책의 매력에 일단 빠지면 수업 시간을 기다릴 정도가 된다. 그림책은 읽기 쉬운 반면 다양한 생각거리를 준다. 나는 이 시간을 위해 도서관 단골 손님이 되었다. 매주 30권의 학급 도서를 그림책으로 바꾸어 교실에 비치해야 하기 때문이다. 고학년 수준에서 지루하지 않고 주제가 명확한 그림책을 고르느라 시간과 공을 많이 들인다. 몇 달이 지나면 아이들은 책에 나온 그림을 따라 그리기 시작한다. 책 내용을 바꾸어보는 아이도 있다.

"선생님, 우리도 그림책 만들면 안 돼요?"

"그림책 작가가 되어 볼까?"

원하는 아이들이 많아지자 '나만의 그림책 만들기 프로젝트'가 시작되었다. 동기가 본인에게서 나오는 일에 아이들의 에너지는 무한대가 된다. 그 에너지를 받으면 나도 더 잘 도와주고 싶어져서 내 안에 있는 모든 지식과 경험을 끌어모은다. 그래 봐야 아이들 하나하나의 글과 그림을 관심 있게 봐주고 도와주는 게 역할의 전부다. 작품의 주제나 내용, 그림체에는 아무런 간섭도 하지 않는다. 질문을 하면 답변을 줄 뿐이다.

4주간 동아리 활동 시간과 자율활동 시간을 모두 투자했다. 간혹 어려워하는 아이들에게는 좋아하는 그림책을 참고하게 했다. 못하는 것을 부끄러워하지 않는 마음, 자신의 감정을 솔직히 글과 그림으로 담아내려는 노력을 나도 닮고 싶었다. 나는 남이 볼까 걱정되는 마음 때문에 새로운 일에 도전하기를 어려워한다. 꽁꽁 감추어둔 소심함은 언제 티가 나도 티가 나게 마련이다.

시간이 지날수록 아이들 작품의 윤곽이 드러났다. 높은 수준에 벌어진 입이 다물어지지 않았다. 프로젝트 마지막 날 교실에서 전시회를 열었다. 환경 이야기, 나를 소개하는 작품, 기억의 비디오 가게, 외국인 엄마를 위로하는 그림책… 아이들의 가능성은 어디까지일까.

책 등에 바코드와 가격을 꼼꼼히 적었다. 그리고 책 표지에서 가장 잘 보이는 곳에 자기 이름을 쓰도록 했다. 비로소 완벽한 그림책 한 권이 탄생했다. 세상에 단 하나뿐인 그림책이다.

"얘들아, 너희들은 특별한 그림책 작가야. 너희만의 이야기를 가진 작가. 선생님은 아직 선생님 이름으로 된 책 한 권이 없는데 말이야. 정말 힘든 일을 해냈어. 훌륭해."

거의 한 달을 매달린 작품을 보는 아이들에게서 뿌듯함이 뿜어져 나왔다. 선생이란 길을 일일이 안내하는 지도가 아니라 나침반이 되어야 함을 또다시 느꼈다. 방향만 제시하면 아이들은 각자의 방법으로 목적지에 도달한다.

아이들이 돌아가고 교실에 앉아 남은 업무를 처리하는데, 너무 많은 에너지를 썼는지 도무지 일이 손에 잡히지 않았다. 이럴 땐 달리 방법이 없다. 퇴근 한 시간을 앞두고 조퇴를 신청했다. 차를 몰고 둔치 공원으로 갔다.

자연에서 나는 마음의 치유를 얻는다. 공용 자전거를 대여해 따뜻한 봄바람 냄새를 맡으며 한 시간 동안 라이딩을 했다. 강과 산, 꽃, 그리고 그곳에서 드문드문 보이는 사람들의 표정을 보며 내 기분의 핸들을 돌려보았다. 아이들에게 받았던 긍정의 기운 쪽으로.

다 계획이 있었다

어릴 적부터 운동을 지지리도 못했다. 초등학교 운동회 때 엄마가 나를 옆구리에 매달고 달리지 않았다면 내 평생 달리기로 1등 도장을 받을 일은 없었을 것이다. 중학교 땐 체력장에서 오래 매달리기 기록이 1초밖에 되지 않아 체육 선생님에게 목장갑 낀 주먹으로 얼굴을 맞았고, 고등학생 때는 전교생이 다 되는 물구나무서기를 유일하게 나 혼자 성공하지 못했다. 배구 선수도 배출한다는 교대 배구 수업을 통과하지 못한 죄로 졸업을 못 할 뻔하기도 했다.

　승부욕이 유별난 아이들을 맡은 적이 있었다. 그 아이들은 암울했던 내 과거를 한 방에 날려주었다. 그해 아이들은 나와 모든 면에서 찰떡궁합이었다. 담임 못지않은 적극적인 성격에 부끄러움은 집에 두고 오는 명랑함 하며 목소리도 얼마나 컸는지 모른다. 한 달에 한 번 현장 학습을 나갈 때면 자기들끼리 모둠별로 드레스 코드를 맞추어 옷을 입고 마술 사진 같은 기이한 사진들을 찍어 사진전을 열었다. 칭찬 파티 날은 본인들이 주제를 정해 놀거리를 만들었다. 나는 그중 물총 놀이가 가장 재미있었다. 뜨거운 여름날 땀을 뻘뻘 흘리며 서로에게 물을 쏘고 뛰어다니면 나는 열두 살 아이들과 다를 바가 없었다. 아이들 속에서 나는 행복한 치유를 받았다.

　체육 대회 날짜가 발표되자 배드민턴 선수 정인이를 중심으로 회장단이 바쁘게 움직였다. 자율 활동 시간을 두 시간으로 늘려 학급 회의를 하고 싶다고 했다. 나를 연구실로 몰아내고 교실 문을 닫아버렸다. 수업 시간에 교사가 교실을 비울 수는 없는 터라 교실 밖에 의자를 두고 앉아 중간중간 창문 너머 아이들의 모습을 지켜보았다. 고성이 오가기도 하고 박수 소리가 들리기도 하며 꽤 진지한 회의가 진행되는 것 같았다.

다음 날 급식을 받자마자 여자아이 몇 명이 밥을 마시듯 먹어 치우더니 급하게 급식실을 빠져나갔다. 우리 반 아이들만 그러는 게 아니었다. 곧 모든 아이들이 우르르 몰려나갔다. 선생님 몇 명과 학교 한 바퀴를 도는데 체육관 앞에서 여자아이들이 다투는 소리가 들렸다. 피구 연습할 자리를 두고 신경전이 벌어진 것이다. 오기와 깡으로 똘똘 뭉친 우리 최강이들이 아니었던가. 결국 그 자리는 우리 반이 차지했다.

체육 시간에는 연습 삼아 남, 여 피구 대결을 해도 되냐고 아이들이 물었다.

"쌤, 여자애들 진짜로 세게 맞춰도 돼요?"

"살살해, 다쳐."

"뒤통수 조심해라."

정인이가 말했다.

"가슴 위로는 반칙이야, 정인아."

빽!

"정인아, 받아!"

빡!

와, 내 눈을 의심했다.

체육 대회날 부전승 카드를 하나도 뽑지 못한 나는, 아이들이 쏘아대는 눈총에 맞아 너덜너덜해졌다. 대회 종목은 남학생 축구, 여학생 피구, 반별 줄다리기였다. 축구는 운동장, 피구는 체육관, 줄다리기는 다시 운동장. 장소와 시간대가 다 달랐지만 마지막 줄다리기는 운동장에 모여 같이 볼 수 있어 다행이었다. 남학생들 축구 실력은 좋지도 나쁘지도 않았다. 나는 피구 심판이 되어 체육관에서 여학생들의 경기를 운영했다. 체육관에 환호성이 울려 퍼졌다. 꺄! 우! 주! 최! 강! 파이팅!

'아싸, 역시 내 새끼들!'

아이들이 나에게 몰려들었다. 우리는 그 자리에서 미친

듯이 뛰었다. 남학생은 축구 준결승에 진출했지만 아쉽게 패했고, 여학생은 이제 막 피구 결승전에 올라간 참이었다. 나는 피구가 그렇게 재밌는 종목인지 처음 알았다. 〈피구왕 통키〉 열심히 볼걸.

공도 제대로 잡지 못하던 아연이는 어느새 공을 이리저리 돌리며 상대를 위협하는 공격수가 되어 있었고, 공에 맞을까 늘 구석에 숨어 있던 지유는 날쌘돌이가 되어 요리조리 공을 잘도 피했다. 선수 출신 정인이와 여전사 수인이는 경기가 안 풀릴 때마다 파이팅을 외치며 친구들의 사기를 높여줬다. 응원전에 동참한 남학생들의 찢어질 듯한 목소리에는 우정 섞인 전우애가 담겨 있었다.

당연히 그렇게 될 거라 믿었지만, 역시나 우리 반이 우승을 했다. 우리 모두 체육관을 뒹굴며 난리법석을 떠는데 회장 정연이가 차분하게 말했다.

"이제 마지막 줄다리기 남았으니까 정신 차리고 줄 한번 맞춰보자."

아이들은 일어나더니 '착착착착' 자리를 잡고 줄을 섰다.

"나는 뭐하면 되는데?"

"선생님은 열심히 응원하시면 돼요."

"그런데 줄은 언제 맞춘 거야?"

"저희끼리 점심 시간에 맞췄어요. 작전표는 민준이랑 제가 같이 짰고요."

"작전표?"

"유튜브에서 줄다리기 잘하는 법을 찾아보고 우리 반 친구들 장점을 생각해서 만들어봤어요."

할 말이 없었다. 운동에 소질이 없단 생각만 해왔지, 운동에도 전략과 노력이 필요한 줄은 뒤늦게 알게 된 느낌이었다.

"구호는 짧게 해야 해. 알았지. 연습한 대로만 하자."

줄다리기가 시작되었다. 줄다리기도 결승에 진출했다. 지쳤을 법도 한데 아이들 눈빛은 더 이글거렸고 나는 줄기차게 '영차'를 외치느라 목에서 피 맛이 났다. 내가 할 수 있는 유일한 일이었으니 어쩔 수 없었다. 당기고 밀리는 실랑이도 없이 우리 반이 압도적으로 승리했다.

왜 그랬을까? 수책맞게 눈물이 났다. 그 자리에 앉아서 울어버렸다. 진이 빠진 아이들도 주저앉았다.

"쌤! 지금 한턱 쏘기 싫어서 연기하는 거죠?"

정인이에게 고마웠다. 정인이 아니었으면 분위기가 이상해질 뻔했다.

"티 많이 났냐?"

눈물, 콧물을 옷소매로 훔치며 나는 멋쩍게 일어섰다.

"쌤, 엉덩이에 뿔나요."

그제야 우리는 소리를 지르며 승리를 자축했다.

마법 가위

칠판 오른쪽 위에는 하얀 자석 여덟 개가 붙어 있었다. 그건 학급 칭찬 자석이다. 열 개가 다 모이면 소원 쿠폰을 쓸 수 있다. 소원은 내가 이루어 줄 수 있는 것이어야 한다. 아이들이 뭘 바라는지 대충 짐작이 가기에 아주아주 특별히 잘한 일이 있을 때만 학급 칭찬 자석을 붙여준다. 예를 들면, 체육 수업 후 정리를 아주 잘하거나, 전담 선생님 수업 시간에 열심히 참여해 칭찬을 듣는 경우다. 아이들은 자석 열 개를 받기 위해 눈에 보이지 않는 최선을 다한다.

　음식 만들기 시간에 마지막 칭찬 자석을 받아 드디어 열 개가 완성되었다. 칭찬할 이유가 차고도 넘쳤다. 음식을 서로 나누어 먹는 모습이 예뻤다. 특히 준비물을 가지고 오지 않은 친구들이 미안해하지 않도록 예쁜 말로 토닥여준 점과 혹시 모자랄까 개인 준비물들을 넉넉히 챙겨온 마음 씀씀이를 칭찬해주고 싶었다. 나도 어렸을 땐 칭찬받는 아이였을까? 어른이 되어 그 예쁜 말과 넉넉한 마음씀이 사라진 것 같아 아이들 앞에서 되려 부끄러웠다.

　소원 쿠폰을 어디에 쓸지 아이들 사이에 열띤 설전이 벌어졌다. 나는 피자와 햄버거, 치킨 등을 생각하고 있었다. 하지만 역시 우주최강 열정을 자랑하는 아이들인지라 그보다 더 강력한 의견이 쏟아져 나왔다. 영화 보기, 둔치에서 자전거 타기, 피구 하기, 과자 파티, 물총 놀이…. 그때 교실 뒤에 앉은 봄이가 던진 한마디에 아이들도 나도 얼음이 되었다.

　"하루 종일 놀기."

"우와!"

그렇구나. 하루 종일 놀면 하고 싶은 것들을 최대한 많이 할 수 있구나. 무려 소원 성취 쿠폰인데 그 정도는 들어줘야 면이 서지 싶었다. 결국 하루 종일 놀면서 과자 먹으며 영화 보기, 물총 놀이, 피구 하기가 최종 소원으로 결정되었고 그 주 금요일로 시간까지 정했다.

우리는 정말 하루 종일 놀았다. 아이들 얼굴에서 웃음이 떠나질 않았고 덩달아 나의 명랑 수치도 최대치가 되었다. 물총 놀이를 할 때는 옷이 젖을까 봐 아이들을 피해 도망 다니기 바빴다. 나는 옷에 물이 묻는 걸 싫어하고, 특히 신발이 젖는 건 더 못 참는다. 그런데 물도 피하랴 아이들이랑도 놀랴 내 옷은 물은 아니지만 땀으로 흠뻑 젖었다.

놀이가 끝나고 교실을 정리하는 아이들에게는 아직도 흥분의 기운이 남아 있었다.

"매일 오늘 같이 놀면 좋겠다, 그치?"

나도 매일 너희들이 그렇게 웃는 모습만 보면 좋겠다.

용달 작가의 그림책 《마법 가위》에 나오는 '마법 가위'가

나에게도 있어서 언제든 아이들이 원할 때면 시계를 가위로 잘라 어른들의 시간은 멈추고 어린이의 시간만 흐르게 해주고 싶다.

  그나저나 물총 싸움하느라 수돗물을 하염없이 틀어 놓았단 사실을 시설 주문관 님과 교장 선생님께 딱 걸리는 바람에 한바탕 야단을 들었다. 누가 나에게도 칭찬 자석 좀 주면 안 될까? 하여튼 명랑도 죄다.

고래가 된 실수

노래하고 춤추기를 좋아하던 우리 반 아이들은 그림 그리기, 작품 만들기에도 흥미를 보였다. 새로운 수업에 도전하는 걸 좋아하는 나는 협동화 그리기에 도전해보기로 했다. 협동화란 여러 사람이 힘을 모아 하나의 작품을 완성시킨 것을 말한다. 사회 역사 수업에 고분 벽화가 나오자 나는 무릎을 탁 쳤다.

당장 인터넷 목공소를 검색해 교실 앞 복도를 채울 수 있는 크기의 가로 2.5미터 세로 1.2미터 합판 네 장을 주문했다. 모서리 부분을 둥글게 마감 처리하는 것도 잊지 않았다. 그리고 아크릴 물감과 오일 파스텔을 준비했다. 다행히 학급 운영비로 받은 예산으로 충분했다. 도전 성공을 위해 미술 선생님 한 분을 보조 교사로 불렀다. 완벽히 준비를 마쳤다.

아이들과 작품 구상도 끝냈다. 우리 반을 주제로 큰 작품 두 개를 만들기로 하고 남학생과 여학생이 각각 한 작품씩 맡기로 했다. 남녀로 나눈 이유는 남학생들이 강력히 주장했기 때문이다. 미술 모둠 활동에서 항상 여학생에게 주도권을 빼앗기고 보조 역할만 했던 게 많이 서운했나 보다. 남학생은 미술 선생님이 지도하고 여학생은 나와 한 팀이 되기로 했다.

수업 당일 교실 책상을 이어 붙여 작업대를 만들었다. 합판을 올리고 작업이 시작되었다. 아이들은 주제에 맞는 소재를 정하고 스케치를 시작했다. 나는 옆에서 지켜보고만 있었다. 나보다 아이들이 그림을 더 잘 그렸다. 남학생들은 잘하나 스윽 보니 갑자기 하던 얘기를 멈췄다. 나를 경쟁자로 여기는 모습이 귀여웠다.

본격적인 작업에 들어가서도 협동화 그리기는 순조롭게 진행되었다. 남학생들은 미술 선생님께 도움을 요청해가며 평소보다 더 열심히 하는 모습이었다. 완성된 스케치를 보니 여학생은 우리 반 동요 동아리 '모두 다 꽃이야'를, 남학생은 최근 동요 대회에서 상을 받은 '바다를 부탁해'를 응용한 환경 보호 그림들이었다. 우리 반을 상징하면서도 동심과 환경을 잘 표현한 작품이었다. 누구 하나 열심히 하지 않는 아이가 없을 정도로 완벽한 진행이었다.

그런데 문제가 생겼다. 남학생 팀의 바다 배경에 태윤이가 검은색 아크릴 물감통을 엎은 것이다. 놀란 아이들이 소리를 질렀고 미술 선생님도 순간 당황한 모습이었다. 내가 나서야 할지 말아야 할지 잠깐 고민하다 모른 체하기로 했다. 다같이 물감을 닦아내더니 자기들끼리 이런저런 이야기를 나누었다. 수업이 끝나고 완성된 작품은 교실 양쪽 벽에 세우고 마르기를 기다렸다.

그동안 아이들과 코리나 루켄의 《아름다운 실수》라는 그림책 한 권을 같이 읽었다. 도화지에 실수로 작은 잉크 한 방울이 떨어졌는데 그것을 지우지 않고 상상력을 키워 변화시켰더니 작품의 세계가 확장되어 갔다는 이야기다.

"자 양쪽 벽을 보고 박수."

"와!"

태윤이가 쏟은 검은 색 물감은 바다 한가운데 떠 있는 검은 돌고래로 변해 있었다. 남학생들과 미술 선생님이 함께 해결한 아름다운 실수였다. 스스로 깨우쳤으니 경험의 값어치가 남다르지 않았을까.

나는 예쁘다

"못생겼다."

"예쁘거든."

"안 줄 거야."

"하나만 주라."

"메롱."

"메롱, 메롱, 메롱."

열두 살 영이와 나의 티키타카가 이어진다. 영이는 나만

미워한다. 마이쮸를 한 봉지 가지고 와서는 나만 빼고 아이들에게 나누어 준다. 그리고 웃으면서 나에게 메롱을 날린다. 약이 오른다. 늘 반말에다 툭하면 째려보고 못생겼다고 성질을 돋운다. 가끔은 내가 진짜 못생긴 게 아닌가 의심해 보지만, 나는 예쁘다. 예뻐야 한다.

영이는 다운증후군이다. 말이 어눌하고 행동이 느리며 마음에 안 드는 일이 생겼을 때 조금 고집스러워질 때가 있다. 하지만 사랑이 많은 아이라 수업 중에도 아이들에게 손 하트를 날리고 눈웃음을 짓는다. 그래서 혹시라도 문제가 있을 땐 반 아이들이 나서서 잘 해결해준다. 영이가 나를 싫어하는 이유는 단순하다. 반 친구들 물건을 뺏어 가고 돌려주지 않을 때 내가 단호하게 대처하기 때문이다. 그래서 나에게는 마이쮸를 주지 않는다. 아무리 사정해 보아도 칼 같은 단호함에 늘 차단당한다.

영이는 국어, 수학은 특수학급에서 수업을 받는다. 하루는 영이를 특수학급에 데려다주던 친구들이 야단법석을 떨며 나에게 달려왔다.

"선생님, 영이가 화장실 문을 잠그고 안 나와요."

"왜?"

"몰라요. 가끔 그래요."

"뭐? 전에는 어떻게 했는데?"

"그냥 우리끼리 갔어요. 도우미 선생님께 말하고요."

"영이 혼자 두고 갔어?"

"계속 안 나온다고요."

아이들을 보내고 화장실로 갔다. 문이 잠긴 칸 앞에서 영이를 불렀다.

"영이야, 나와, 밥 먹자."

대답이 없었다.

"응가하고 있어? 선생님이 도와줄까?"

조용했다.

어떻게 해야 할까 한참을 고민했다. 영이는 왜 화장실에서 나오지 않는 걸까? 혹시 볼일을 보고 뒤처리를 못 하는 걸까? 화나는 일이 있을까? 언제 나올지 모르는 아이를 기다리고만 있을 수는 없었다.

"영이야, 선생님이 들어갈 거야. 옷 입고 있어. 휴지 가지고 간다."

옆 칸에 들어가 두루마리 휴지를 잔뜩 풀어 주머니에 넣었다. 다행히 그날 나는 청바지를 입고 있었다. 변기를 밟고 화장실 벽을 타고 올라갔다. 내 신체 능력에 나도 놀랐다.

아이는 옷을 입고 화장실 바닥에 주저앉아 울고 있었다. 그 모습을 본 순간 작업실 책상 아래에서 울던 내가 떠올랐다. 영이에겐 어떤 아픔이 있을까? 늘 해맑게 웃기만 하는 영이에게도 우울이란 녀석이 덤비는 걸까?

"왜 울어?"

"영이 안 데리고 갔어."

"아니야. 친구들이 찾았어. 영이가 문을 잠근 거야."

"안 데리고 갔어. 안 데리고 갔어."

영이는 소리를 지르고 울었다. 어디를 안 데리고 갔을까?

"영이야, 선생님 배고프다. 우리 밥 먹으러 가자. 그럼 있다가 선생님이 마이쭈 줄게."

"나 두 개 줄 거야?"

"그럼, 두 개 줄게. 대신 너도 다음에 선생님 줘야 해."

영이를 데리고 급식실로 갔다. 가는 길에 생각해 보니 수학 시간이었는데도 영이가 교실에 있었던 생각이 났다. 영이는 다 알고 있었다. 우리가 얼마나 자기에게 관심을 가지는지를. 그날 이후 나는 영이를 좀 더 살뜰히 챙겼다. 눈웃음도 지어 보이고 손 하트도 날리고 마이쭈로 선물 공세도 했다. 내가 느끼는 우울함과 공허함을 영이가 느끼지 않았으면 하는 바람을 꾹꾹 눌러 담았다.

영이가 마이쭈를 한 봉지 사 왔다. 이번에는 줄까.

"영이야, 선생님도 줄 거지?"

"못생겼어"

"지난번에 준다고 했잖아."

"안 줘."

나를 노려보는 눈이 매서웠다. 배신자, 김영이.

도시락

　헉헉헉. 잘못하면 미끄러질 판이다. 예쁘기는 하지만 이번 코스는 포기해야겠다. 다시 아래로 내려가 사진 찍기 좋은 곳을 염탐한다. 최대한 다리는 길고 몸은 날씬하게 나오면서도 오늘 출장 온 목적지인 이곳이 잘 보이는 각도여야 한다. 카메라를 나무에 기대어 렌즈가 아래로 가게 뒤집어 눕힌 뒤 타이머를 맞춘다. 그리고 재빨리 뛰어가 포즈를 잡았다. 뒷모습을 보이며 활기차게 브이를 했다. 이 한 컷의 예쁜 사진을 위해 나는 산을 올라야 하는 오늘도 키 높이 운동화를 신었다.

매달 한 번씩 아이들과 현장 학습을 나갔다. 가을이라 단풍이 장관을 이루는 장태산 자연휴양림이 낙점되었다. 현장 학습 전에 담임은 반드시 사전 답사를 다녀와야 했다. 아이들이 안전하게 놀 수 있는 곳을 정해두고, 화장실과 관리소는 어디에 있는지, 비상 상황이 발생했을 때 어디에 도움을 청해야 하는지 등을 잘 점검해 두는 것이다.

소풍 장소가 정해지자 아이들은 뛸 듯이 기뻐했다. 무엇을 하며 놀 것인지 서로 이야기하는 모습이 얼마나 귀엽던지, 어제의 피곤함에 대한 보상으로 충분했다. 장태산은 점심 먹을 곳이 마땅치 않았다. 일찍 돌아와 급식을 먹자는 말에 도시락을 싸가자는 의견을 냈다. 아이들은 좋지만 새벽 같이 일어나 도시락을 준비해야 하는 보호자의 번거로움을 알기에 쉽게 결정을 내리지 못하고 있었는데, 단체카톡방에 설문을 올렸더니 결과가 의외였다. 스물여덟 명 전원이 도시락에 찬성했다. 감사하고 미안했다.

당일날 정작 내 도시락이 문제였다. 우리 집에선 제발 김밥은 사서 먹자고 할 만큼 내가 싼 김밥은 맛이 없다. 오래 고민한다고 해결될 문제도 아니었다. 도시락 용기를 꺼내 잡곡밥 한 통, 김치 한 통을 담았다. 그리고 도시락용 김 세 개를 챙겨 가방에 넣었다. 난 그것이면 충분하다. 무엇을 먹느냐보다 누구와 먹느냐가 더 중요하다고 엄마는 늘 말씀하셨다. 그 말을 믿는다. 아이들과 돗자리를 깔고 앉아 먹으면 뭔들 맛이 없을까?

버스를 타고 가는 내내 아이들은 들떠 있었다. 무슨 랜드도 박물관도 아니지만 산에 간다는 것만으로도 좋다고 했다. 솔방울을 모아 오겠다는 아이도 있고, 숲에서 술래잡기를 꼭 하겠다는 무리도 있었다. 차에서 내려 숲길을 걸으며 아이들이 노래를 흥얼거렸다. 아이돌 노래가 아닌 〈숲속을 걸어요〉란 동요였다. 주변에 다른 사람들이 있어 큰소리로 같이 부르지 못한 것이 아쉬웠다.

소란스러울 수 있어 조금은 외진 곳에 자리를 잡았다. 술래잡기, 고무줄놀이, 딱지치기가 시작됐다. 아이들은 약속이라도 한 걸까? 내가 어릴 적 골목에서 친구들과 어울려 놀던 놀이를 했다.

"선생님 같이 해요."

고무줄놀이하던 유정이가 나를 이끌었다. 선수 잘 뽑았네 싶었다.

"선생님 진짜 잘하는데 괜찮겠어? 어릴 때 고무줄 선수였어."

"진짜요? 진짜요?"

그러더니 난이도가 가장 높은 어깨 높이에 고무줄을 맞잡고 섰다. 다리를 쫙 뻗어 올려 가볍게 고무줄 한 바퀴를 감았다 풀기를 노래에 맞추어 보여주면 된다. 나의 주특기다. 아이들의 시선이 일제히 나를 향했다. 어깨에 약간의 뽕이 들어갔다. 아이들이 노래를 불러주었다.

"나비야, 나비야…"

하나, 둘, 셋 끙… 다리가 허리도 안 올라갔다. 나는 열 살이 아니었다. 아이들이 깔깔거리는데 부끄럽지 않았다. 웃겼으면 그만이다.

점심 시간이 되어 각자 도시락을 열었다. 제 자식 입에 넣을 것 아까운 부모가 어디 있겠냐만 음식에 사랑이 넘쳐흘렀다. 나의 두 아들 도시락이 한없이 초라하게 느껴졌을 생각을 하니 미안했다. 그래도 성의는 다했으니 잠깐의 미안함만 느끼고 금세 털어버렸다. 서로 바꿔 먹자는 아이들도 있고, 자기 도시락을 자랑하는 아이도 있는 반면, 부끄러워 슬며시 내놓는 아이도 없지 않았다.

내가 씩씩하게 도시락을 열자 아이들이 빤히 쳐다보았다.

"선생님은 김밥 없어요? 그것만 싸 왔어요?"

"응. 밖에선 아무거나 다 맛있어."

아이들이 자기 걸 하나씩 맛보라고 나에게 건넸다. 직접 입에 넣어주는 아이도 있었다. 이러려고 그런 게 아닌데…. 미안하고도 따뜻한데, 내 감정 어디쯤 중심을 맞추어야 할지 알 수 없었다. 좋다. 그래, 좋으면 됐다.

"선생님도 엄마가 담가준 김치가 꽤 맛있어. 너희도 먹어 봐."

아이들이 젓가락을 들고 내 도시락 쪽으로 몰려들었다.

"매워요."

"전 김치 안 좋아해요."

"급식 김치보다 맛있어요."

우리는 서로 도시락을 준비해준 이의 정성을 자랑하며 맛있는 한 끼를 나누어 먹었다. 역시 도시락은 밖에서 먹어야 제맛이다.

돌아오는 버스 안에서 빈 도시락의 달그락거리는 소리가 유난히 정겹게 들렸다. 아이들은 피곤했는지 대부분 잠들었다. 문득 엄마가 떠올랐다. 엄마는 아직도 제 가족 입에 넣을 반찬 한 가지 변변히 해결하지 못하는 나이 든 딸을 걱정하며 수시로 밑반찬을 만든다. 내 병이 조금 나아지면 정성스레 도시락을 준비해 엄마를 모시고 소풍을 나오고 싶다. 내게도 그런 날이 오겠지.

자화상

"왜 얼굴이 없어?"

내 그림을 보고 남동생이 별 뜻 없이 던진 말이다. 그러고 보니 내 그림은 전부 여자들의 뒷모습이거나 임자 없는 드레스들이었다. 아직 사람의 앞모습을 그리지 못한다. 내 전부를 보여주지 못하는 심정이 그림에도 나타나는 것 같다.

5학년엔 자화상 그리기 수업이 있다. 사진이나 거울을 보고 자기 얼굴을 직접 그린다. 수업 전에 나는 짧은 영상

하나를 보여준다. 여자가 손으로 얼굴을 가린 채 흐느껴 울고 있다. 인터뷰 영상이 이어진다. 사람들은 자기 외모를 묻는 사회자의 질문에 단점을 들어 이야기한다. 그리고 자화상을 그린다. 영상 후반부에 자신이 그린 그림과 타인이 자신을 그려준 그림을 비교해 보여준다. 그리고 타인이 자신의 외모를 좋게 평가한 인터뷰 영상을 보여준다. 그제야 사람들은 스스로 자존감이 낮았음을 인지하고 울음을 터뜨린다. 아이들이 자신의 장점을 볼 수 있게 하고 싶었다. 학생들의 그림 실력은 개인 편차가 크고, 원하는 대로 그려내기란 여간 어려운 게 아니다. 다만 장점을 보려는 시각이라도 가지면 반은 성공이다.

동료 교사가 자기 학급의 자화상들을 보여준 적이 있는데 인물 묘사가 잘 되어 있었다. 지도 방법을 묻자, 사진의 위아래를 뒤집어서 그리게 한다고 했다. 사진을 바로 놓고 그릴 경우 얼굴 형태를 잡기가 힘들긴 하다. 그런데 좁은 목부터 그리기 시작해 넓은 얼굴 부분으로 확장하며 그리면 훨씬 수월해진다는 것이 그의 설명이었다. 콧대 그리기가 가장 힘든데, 그것도 콧구멍을 먼저 그린 후 면적을 줄여나가면 콧대로 가기가 쉽단다. 말만 들어서는 잘 이해되지 않았다. 나는 두 가지 방법을 다 써보기로 했다.

아이들은 장난기 없이 진지한 태도로 수업에 임했다. 영상을 보고 난 후여서인지 그림에 장난을 치거나 자신을 과하게 꾸미지 않았다. 최대한 보이는 그대로 사실적으로 표현하기 위해 애썼다. 한번에 2시간씩 2주에 걸친 수업이 끝나고 작품 전시회를 열었다. 두 장의 작품을 나란히 붙여 놓았는데 확실히 거꾸로 그린 쪽이 좀 더 사실적이었다. 시각의 변화가 생각지 못한 결과의 변화를 만들었다. 그림 하나도 이런데, 다른 일상은 어떨까 싶었다.

메모지를 나누어 주고 본인 작품과 친구 작품에 간단한 감상평을 적어서 붙이도록 했다. 아이들의 시선은 직선적이다. 에둘러 거짓말을 하지 못한다. 좋은 것을 표현할 때도 그렇다.

'내 눈을 그려 놓고 보니 생각보다 쌍꺼풀이 더 예쁜 것 같아 엄마에게 고맙다.'

'민아는 코가 실물보다 조금 낮은 것 같아 아쉽지만, 표정을 밝게 그렸다.'

'바로 놓고 그린 내 모습보다 거꾸로 놓고 그린 것이 더 마음에 든다.'

나도 이번 주 미술학원 수업 시간에 새 캔버스에 얼굴을 그려봐야겠다. 사진을 뒤집어 놓고 새로운 시선으로 나를 꼼꼼히 살피면서 장점을 찾아야겠다. 남들보다 열 배 두꺼운 아이라인을 강조한 내 얼굴 사진에서 어떤 새로운 면을 찾아낼지 궁금하다.

모두 다 꽃이야

　신발장을 열면 50켤레도 넘는 신발이 서로 자신을 골라 달라는 듯 나를 애타게 바라보는 기분이다. 오늘 입은 초록색 스커트와 화려한 흰색 뜨개 민소매 블라우스에는 베이지색 리본 달린 구두가 잘 어울린다. 구두를 꺼내 신고 현관을 나섰다. 그러나 애써 고른 신발이 사람들에게 보여지는 시간은 하루에 채 10분이 안 된다. 아파트에서 만나는 몇 안 되는 사람들, 차에서 내려 교실까지 가는 길에 만나는 몇 안 되는 사람들, 그들에게 '옷 잘 입는 여자'로 보이고 싶어 나는 오늘도 신중에 신중을 기해 신발을 고르는 것이다.

***

5교시 음악 시간 아이들의 분위기가 심상치 않았다. 소리 없는 총성이 난무하는 전쟁이 한창이었다. 바로 센터 전쟁. 나는 참전을 고민하는 중이었다. 반면 관심도 없고 힘도 없는 약소국들은 이 사태를 외면하는 듯했지만 그들 사이에도 눈치는 빠르게 오갔다. 동요 대회를 앞두고 여학생들이 서로 앞줄 가운데 자리를 차지하고 싶어 신경전이 한창이었다. 〈프로듀스 101〉 프로그램을 방불케 하는 기 싸움에서 나는 어떻게 대처해야 할지 고민에 빠졌다.

나는 '문제', '다툼', '갈등' 이런 느낌의 모든 감정이 불편하다. 이런 단어들이 만들어내는 상황에 대처하는 나의 자세가 미흡하기 때문이다. 지나치게 감정적이 되거나, 설득하지 못하면 지는 기분이랄까. 최대한 내가 끼어들지 않고 문제를 해결할 방법을 생각해 보았다. 그때 문득 정인이와 친구들이 생각났다. 체육 대회를 자기들끼리 멋지게 치러 준 아이들은 가장 먼저 나를 몰아내고 학급 회의 시간을 가졌었다.

"얘들아, 학급 회의 시간을 줄 테니까 너희들끼리 한번 해결해보렴. 잘 해결할 수 있을 거야."

눈치 보기에 지친 남학생들이 격하게 환영했다. 나는 의자를 복도로 가지고 나왔다. 이제 아이들만의 시간이다.

회장 희경이의 사회로 회의가 시작되었다. 나는 누가 어떤 이야기를 하는지 듣고 싶지 않아 좀 멀찍이 떨어져 앉았다. 혹시라도 중간에 참전하고 싶어질까 봐 아예 귀를 닫기로 했다. 아이들의 성향을 생각하며 대략 팀이 어떻게 나누어질지, 자리는 어떻게 정할지 머릿속으로 그려 보았다. 잘 할 거란 믿음이 있었다.

30분 후 회의가 끝났다. 생각보다 빨리 해결해서 일단 놀랐고 아이들의 결론이 궁금했다. 팀은 나누어졌고 안무와 자리 배정을 위해 동영상을 촬영하기로 했단다. 나에게 영상 촬영을 부탁했다. 나는 흔쾌히 응했고 강당으로 가 여러 형태의 대형으로 영상을 촬영했다. 교실로 돌아와 아이들은 영상을 보며 다수가 인정하는 의견을 내고 아무도 거기에 반대하지 않았다.

며칠 뒤 아이들의 연습 영상을 보고 나는 큰 박수를 보냈다. 딱히 센터가 중요해 보이지 않았다. 아이들은 노래에 맞추어 안무를 바꾸었다. 1절이 끝나고 앞줄과 뒷줄이 자리를 바꾸었고 노래 중간에도 좌우를 오가며 한 번씩은 모두 무대 중앙에 설 수 있었다. 역시는 역시였다. "아이들은 믿는 만큼 자란다."는 말이 맞다.

한 달 동안 최선을 다해 연습했고 우리 반은 동요 대회에서 큰 상을 받았다. 교육청 행사에도 초대되었고, 학교 축제엔 특별 무대에 서기도 했다. 아이들의 인솔 교사로, 나는 옷 잘 입는 멋진 선생님으로 보이기 위해 머리부터 발끝까지 신중에 신중을 기해 옷과 신발을 매치했다. 외모지상주의자는 아니지만, 기왕이면 다홍치마니까.

동요 대회를 준비하는 동안 잦은 출장과 복잡한 문제들

로 내 몸은 예민해져 있었다. 삼차신경통이 올라와 매일 약을 먹으며 통증을 참아냈다. 대회가 끝나고 아이들과 양껏 행복을 나눈 후, 나는 한의원을 찾아 50개가 넘는 침을 얼굴과 머리에 꽂았다. 참을 수 없는 고통이었지만 참아야 하는 고통이 있다. 행복한 내일의 학교 생활을 꿈꾸며 나는 두 눈을 질끈 감았다.

또로로로로로

현관 전신 거울 앞에서 옷매무새를 만진다. 신발장을 열고 잠시 고민하다 굽이 있는 컨버스 하이탑을 꺼내 신는다. 문을 열고 나와 핸드폰으로 전신 샷을 찍어 SNS에 출근룩을 올린다. 완벽하다. 이렇게 화려한 허영으로 나의 하루는 시작된다.

주차장 나무들에 새잎이 푸르다. 신록이라고 하나? 진한 초록이 아니라 아기 연둣빛이다. 햇볕은 따뜻하다. 정말

'따아뜨웃'하다. 입학한 지 두어 달 지난 1학년 아이들이 제법 학교에 적응했는지 실내화 갈아 신는 모양새가 익숙해 보인다. 아직 엄마 손을 붙잡고 놓지 못하는 아이도 있다. 봄의 교정은 어딜 둘러봐도 설렌다. 내 마음이 그런 탓일 수도 있다. 펜스에 기대어 운동장을 둘러보니 현성이와 수민이가 축구 경기를 하고 있다. 괜스레 웃음이 나는 녀석들이다. 나를 보더니 멀리서 인사를 한다. 손을 흔들어 주었다. 벚꽃이 터졌다. 당장 해야 할 일이 떠올랐다.

해마다 이맘때가 되면 아이들과 같이 사진을 찍는다. 노는 것을 좋아하는 선생님인지라 수시로 산책하고 사진을 찍는데, 벚꽃이 필 때면 꼭 추억 사진을 찍는다. 가장 예쁜 계절에 가장 예쁜 추억을 만들고 싶어서다. 요즘 아이들은 못하는 게 없다. 기기도 잘 다루고 영상 제작이나 편집도 제법 잘한다. 그래서 올해는 음악을 넣은 뮤직비디오를 만들어보기로 했다.

해가 가장 좋은 11시에 운동장으로 나가 자유롭게 사진을 찍었다. 내가 간섭하지 않아도 알아서 척척 잘한다. 소외되는 아이가 없을까 하는 노파심에 모둠을 정해줄까 했지만, 신발장 앞에서 눈치 빠른 민지가 아이들을 모으고 있는 모습을 보았다. 비단 민지만이 아니라 반 아이들 모두가 따뜻하다. 선한 영향력은 힘이 강하다.

꽃을 보고, 꽃 같은 아이들을 보니 이런 행복이 또 있을까 싶은데 또로로로 눈물이 흘렀다. 가슴 저 밑에서 뜨거운 어떤 감정이 훅 하고 올라왔다. 그 감정에 이름을 붙이기 힘들었다. 우울함과 명랑함 사이 애만 쓰다가 가끔 진짜로 행복해지는 그런 순간이랄까. 떨렸다.

까르르 웃음소리가 가까워지자 눈물을 훔쳤다. 유정이와 서은이가 나를 향해 달려왔다.

"선생님, 사진 찍어드릴까요?"

"그래. 근데 나 예쁘게 찍어줄 수 있어?"

"우리 엄마 인스타 사진 제가 다 한 거예요. 어떻게 찍어드릴까요?"

"길게. 무조건 기이일게."

나는 노란색 유치원 벽 앞에서 포즈를 잡았다. 카메라 대신 먼 산을 보았다. 서은이는 핸드폰을 뒤집어 배꼽쯤에 대고 낑낑거리더니 어떻게 어떻게 사진을 찍었다. 와우! 나는 모델 같은 사진을 선물 받았다. 출근 전 내가 찍은 사진 속 나와 완전히 다른 나를 보았다.

나만 바라봄

"봄아 뭐 봐?"

"쌤요."

"그만 봐."

"왜요?"

봄이는 웃는 게 참 예쁜 남자아이였다. 제일 앞줄에 앉아 나만 보면 연신 웃음을 지었다. 그리고 귀염을 받고 싶어 안달이었다. 5학년인데 하는 걸 보면 꼭 3학년 아기 같았다. 사실 봄이는 행동이 좀 어리긴 했다. 집에서 외아들이라고 얼마나 귀하게 키우는지 자기 일을 스스로 잘하지 못했다. 학부모 상담을 하면 어머님은 늘 아이 걱정이 한 짐이었다.

학기 초 봄이가 다른 반 학생으로부터 폭력을 당하는 일이 있었다. 부모님이 모두 놀라 학교로 달려오셨고 담임인 나는 두 분 뵐 면목이 없었다. 다행히 대화로 사건은 잘 마무리가 되었고 그 일로 봄이 어머님과 나 사이에 약간의 친밀감이 형성되었다. 봄이는 공부에 욕심이 많은 아이였다. 어머님도 아이의 욕심에 전폭적인 지지를 하는 분이었다. 하지만 의욕과는 다르게 봄이는 성적이 잘 오르지 않았고 그로 인해 많이 힘들어했다. 매일 싱글싱글 웃기만 하던 봄이가 내 눈을 피하고 잘 웃어주지 않았다. 사춘기가 시작된 봄이는 친구들과도 다투는 일이 잦아졌다.

하지만 체육 시간만은 달랐다. 봄이는 구기 종목을 유난히 좋아했다. 공부 시간에는 의기소침했던 아이가 피구나 축구를 할 때면 펄펄 날아다녔다. 입이 짧아서 잘 먹지도 않는 아이가 어디서 그런 에너지가 쏟아지는지 궁금할 따름이었다. 봄이는 가끔 아버지와 주말에 야구한 것을 나에게 자랑하곤 했다.

마침 학교 스포츠 클럽에 티볼부가 결성되었고 5학년에서 세 명의 학생이 선발되었는데 봄이가 뽑혔다. 그때부터 봄이는 다시 활기를 찾았고 나를 보면 티볼 이야기를 하기 바빴다. 매일매일 빠지지 않고 연습에 참여했고, 우리 학교는 충남 티볼 대회에서 우승했다. 대회가 끝나고 아이들은 원래의 자리로 돌아왔지만 봄이는 그때의 추억에서 벗어나지 못하고 있었다. 학부모 상담 주간에 어머님과 앉아 봄이의 야구 사랑에 대해 이야기를 나눴다.

봄이 부모님은 봄이를 야구 클럽에 가입시키고 본격적으로 야구를 시켰다. 봄이의 야구 담당은 아버지였다. 주중에 봄이를 인근 지역 야구 클럽까지 데리고 다니는 열성에 더해 주말에는 아버지 야구단에 가입해 아이와 같이 훈련에 참여했다고 한다. 경험상 아버지와 관계가 좋은 남자아이들은 정서가 크게 빗나가지 않는다. 급식 시간에 젓가락으로 깨작거리던 봄이는 점점 먹성도 좋아지더니 키가 쭉쭉 자랐고 성격도 명랑해졌다. 더불어 친구들과의 관계도 좋아지고 자존감도 높은 아이가 되었다. 그리고 봄이가 야구 선수로 선발되었다는 소식은 나중에 들었다.

정작 내 두 아들의 어린 시절을 살뜰히 살펴주지 못했던 그 시절의 나는, 학교를 다녀오면 녹초가 되어 아이들을 거실에 방치하고 큰아이가 작은아이를 돌보았다. 먹이고 입히는 것 말고는 해준 게 없었다. 늘 바쁜 엄마로 내 아이들 입학식, 공개 수업, 운동회, 학예회 한번 참석해 본 적이 없었다. 그냥 낳아 놓으니 저절로 자란 아이들이다. 봄이 부모님의 자식 사랑을 보며 무심하고 아픈 어미였던 내가 한심했고 한편으로는 안쓰러웠다.

하지마라꼬

"다크서클 그린 거예요?"

황당한 질문에 말문이 막혔다. 눈 밑이 검어 판다가 되어 있는 줄 나만 모르고 있었다. 당돌한 녀석. 그래도 그렇지…. 학생 천여 명이 넘는 학교의 학예회를 준비하자니 여간 힘든 게 아니었다. 마지막까지 점검에 점검을 하며 방송 업체까지 선정하느라 영혼까지 탈탈 털린 상태였다.

경기도에 임용 시험을 치르고 수원에 발령받아 5년간 근무했다. 결혼을 하고 고양시로 옮겨 6년 10개월을 근무하고 사직서를 냈다. 그리고 프리랜서 교사 일을 시작했다. 진주에서 2년간 살며 진주와 사천에서도 일한 적이 있다. 이제는 세종에 터를 잡고 공주와 세종을 번갈아가며 아이들을 만난다. 앞으로 제주와 강원에서도 근무해보고 싶은 작은 소망이 있다. 프리랜서 교사만의 장점이다. 하지만 가끔은 프리랜서 교사라서 더 힘에 부치는 업무를 감당해야 할 때도 있다. 학교에서 강제로 맡겨서가 아니라 주로 내가 하겠노라 나선 결과다. 나는 아직 능력이 있고 무엇이든 잘 해낸다는 능력을 과시하고 싶은 욕심이 부른 화근이다.

※※※

2학년 교실에서 아이들이 저마다 발표하겠다고 손을 들었다. 학예회를 앞두고 아이들이 무엇을 할지 정하는 중이었다.

"난 태권도 할꺼."

"나는 검은띠, 넌 노란띠. 내가 이기는겨."

아이들이 사투리를 쓰니 그렇게 귀여울 수가 없었다. 처음 진주에서 근무할 때만 해도 내가 경상도 사람임을 잠시 잊고 아이들의 사투리에 배꼽을 잡고 웃었다. 개구리 올챙이 적 생각 못 한다고….

"슨생님은 어디서 왔는데에."

"하지마라꼬."

"슨생님, 민수가 자꾸 따라댕겨요."

두어 해가 지났는데도 그때만 기억하면 입가에 웃음이 머문다.

역시 남학생은 태권도 경쟁이 치열했다. 이번 학교는 학급 단위의 학예회를 열어 가족들을 초대하기로 했다. 학교 단위로 학예회를 열면 참여하지 못하는 학생들이 꼭 생겨 아쉬웠는데, 잘 된 일이었다. 여학생들은 춤과 노래, 악기 연주 등 신청 분야가 다양했다. 피아노 연주를 하겠다는 아이가 집에서 피아노를 가지고 와도 되냐고 물어 한참을 웃었다. 아홉 살 피아노 연주자를 위해 작은 전자 피아노 한 대를 빌렸다. 학급 단체 공연은 세 가지를 하기로 했다. 우리 반은 '컵타'와 합창 그리고 아주 은밀한 한 가지를 준비했다.

 학예회 당일이 되자 2학년 2반 가족들이 교실을 가득 채웠다. 마술을 준비한 주원이가 카드를 쏟아 한바탕 울음 잔치가 되기도 했고, 여성 3인조 댄스팀은 박자가 엇갈리는 바람에 서로 부딪혀 교실을 웃음바다로 만들었다. 합창과 컵타를 선보이자, 관객들의 박수갈채가 쏟아졌다. 싸이의 노래 〈챔피언〉에 맞춘 절도 있는 동작과 진지한 표정에 내 어깨가 으쓱해졌다.

 마지막으로 우리가 준비한 은밀한 영상이 공개되었다. 그건 바로 '가족 자랑 대회'였다. 초등학교 2학년 교과서에는 다양한 형태의 가족을 소개하는 단원이 나온다. 요즘은 다양한 모습의 가족들이 있다. 예전으로 치면 '결손가정'이지만 어른들이 불편하게 생각하는 진실도 아이들 눈에는 부끄럽지 않은 경우가 많다. 그저 우리 가족만의 특별함으로 생각한다. 다행이다. 하지만 보호자들은 남모르게 속앓이 하는 경우가 많다. 수업 시간에 가족 이야기를 실컷 하고 난 후 남다른 자랑거리를 찾게 하고 영상을 찍게 했다. 영상을 본 모두가 함께 울고 웃으며 아이들을 꼭 안아주었다.

 민지 아버지는 카레를 잘 만들고, 영숙이 어머니는 힘이 세다. 하울이 할아버지는 운전을 잘해 학교에 늦지 않게 등교시켜 주시고, 한결이 필리핀 어머니는 영어를 잘한다. 경상도 사람은 경상도 사투리를 쓰고 충청도 사람은 충청도 사투리를 쓴다. 살아가는 모습에 정답은 없다. 주어진 현실에 최선을 다할 뿐이다. 영상 속 자기 모습이 나아지는 것을 보기 위해 친구 손을 잡고 컵을 두드리는 아이들의 마음처럼 말이다. 나 역시 틀리고 모자란 인간이 아니라 몸과 마음이 조금 아픈 사람일 뿐이다.

 학교 강당 안에 사람들이 가득했다. 1학년 학생들의 꼭두각시 무용을 시작으로 6학년 학생들의 뮤지컬까지 화려한 무대가 이어졌다. 드론이 강당을 날며 피날레를 장식하고 무대가 끝났다. 공연이 끝나고 보호자들과 지역 인사들의 박수갈채가 쏟아졌다. 내일이면 눈밑을 점령한 다크서클을 지울 수 있으려나.

아주 특별한 산책

쨍하고 진한 보라색 원피스를 꺼내 입었다. 보라색 반짝이 귀걸이로 색을 맞추었다. 한 달 만에 잘 차려입은 아침이다. 반 아이들과의 첫 만남에는 검은색에 금색 단추가 포인트로 들어간 원피스를 입었었다. 첫인사와 마지막 인사에 나름의 격식을 갖췄다. 그날은 한 달간 근무한 학교와 계약이 끝나는 날이었다.

한 달이라는 시간이 참 빨리도 지나갔다. 짧은 기간 동안 현장 학습과 체육 대회라는 큰 행사를 치러서인지 아이들과 정이 많이 들었다. 5학년을 계속 가르치다 만난 3학년 학생들은 아기 같았다. 많은 것이 서툴고 질문은 또 얼마나 많은지 수업이 끝나면 귀가 윙윙거릴 지경이었다. 말을 많이 한 탓에 퇴근 후에는 삼차 신경통이 심해져 약을 먹지 않으면 견딜 수 없는 날이 늘었다.

떠난다는 슬픔을 내비치지 않고 최대한 평정심을 유지하기 위해 호흡을 가다듬고 여느 날과 다름없이 교실 문을 열었다. 여기저기서 떠들고 장난치느라 교실은 소란스러웠다. 칠판에는 아침 활동인 '독서하기'가 대문짝만하게 쓰여 있었지만 책을 읽는 아이는 두셋뿐이었다. 아침 인사를 하고 평소처럼 수업했다. 아이들도 다른 날과 같았다.

마지막 시간 수업을 하려는데 키도 목소리도 큰 예린이가 손을 들었다.

"선생님 이제 몇 반으로 가요?"

"선생님은 이제 집으로 가는데."

"그럼 우리 학교에 이제 없어요?"

"아마도 당분간은 없을 것 같아."

"왜요?"

아이들이 동요하기 시작했다. 아이들은 내가 다른 반 선생님으로 돌아간다고 생각하고 있었다. 어린아이들이라 상황 설명을 하기가 힘들었다. 교실이 술렁였다.

"선생님 다은이 울어요."

우리 반에서 가장 작고 하얀 다은이를 꼭 안아주었다.

"선생님은 너희들 졸업하기 전에 다시 올게."

"진짜죠?"

"우리 반에 매일 놀러 오면 안 돼요?"

열 살 아이들의 투정과 질문에 서운함이 묻어 있어 마음이 울컥했다. 여기저기서 아이들이 훌쩍였다. 덩치 크고 마음 약한 순둥이 치영이는 큰소리로 엉엉 울었다. 주변에 가까운 친척도 없이 아빠랑 둘이 산다고 산책할 때 말해줬던 아이다. 사랑이 그리웠는지 내 손을 자주 잡아주고 사랑한다는 인사를 수줍게 속삭였는데…. 나도 치영이가 속상해할 때 엄마의 마음으로 안아주었다.

"얘들아, 선생님은 너희들 만나러 꼭 다시 올게."

제일 뒷자리에 앉은 장난꾸러기 시우가 손을 들었다.

"그럼 우리 산책하면 안 돼요? 선생님이랑 첫날 산책했잖아요. 오늘은 날씨도 좋아요."

참았던 내 눈물이 터져버렸다. 아이들에게 들키지 않으려고 책상 아래서 물건 줍는 시늉을 하면서 최대한 빨리 눈물을 수습했다. 우울이 몰려올까 봐 서둘러 더 명랑한 목소리로 나를 감추었다. 첫날을 기억하고 있었다니 고마웠다.

하교 준비를 모두 마치고 아이들을 배웅했다. 학교가 공사 중이라 진짜 산책을 할 순 없었다. 대신 손을 잡고 교문까지 데려다주기로 했다. 누가 시킨 것도 아닌데 약속이라도 한 것처럼 아이들이 한 명씩 와서 안겼다. 아이들은 내 팔 안에 쏙 들어왔고 체온이 느껴졌다.

나는 또 다른 아이들을 만나고 헤어지겠지. 이 일상의 반복 속에서 나는 내 우울을 들키지 않기 위해 또 얼마나 많이 책상 아래로 기어들어가야 할까? 바로 집으로 갈 수 없어 작업실에 들렀다. 보라색 원피스를 벗어던지고 낡은 추리닝 바람으로 의자에 앉아 원피스를 한참 바라보았다. 꼭 벗어 놓은 내 가면 같았다.

빨간 립스틱

　현관문을 열고 들어서니 시큼한 냄새가 코를 찌른다. 냄새의 진원지를 찾아 코를 킁킁거리며 집안을 수색해 보니 다름 아닌 싱크대다. 쌓여 있는 그릇은 몇 개 되지 않는데 며칠이 지난 것인지 기억나지 않는다. 나는 집에서 밥을 거의 하지 않는다. 어쩌다 아들이 라면이나 끓여 먹는데 대충 던져 놓은 그릇에서 음식물이 썩어가고 있다. 냄비 두어 개 씻자고 식기세척기를 돌리기도 그렇고…. 나는 집에 돌아

오면 산송장처럼 침대에 누워 핸드폰만 만지작거린다. 오늘은 도저히 안 되겠다. 옷을 갈아입지도 않고 고무장갑을 꼈다.

***

교실 문을 열고 들어서는데 반찬 냄새가 진동했다. 아이들 책상 위에는 무엇이 담겼는지 알 수 없는 쇼핑백들이 올려져 있었고, 나는 새벽 일찍 일어나 무를 채 쳐 무친 무생채를 가지고 왔다. 한 달에 한 번 있는 한솥밥 먹는 날이다. 가방을 내려놓고 창밖을 내다보니 저 멀리 교문으로 지환이가 걸어오는 모습이 보였다. 제 덩치보다 큰 스테인리스 대야를 낑낑거리며 들고 온다. 흘깃 보아도 발걸음이 신나 보인다.

저학년 아이들만 가르치다 6학년 담임을 하니 좋은 점이 밥을 같이 먹는 것이었다. 급식이 도입된 지 얼마 되지 않을 때였다. 저학년 학생들은 4교시 수업 후 하교했기 때문에 교사들끼리 한 교실에 모여 도시락 급식을 먹었다. 막내였던 나는 선배 선생님들과의 식사 자리가 마냥 편치만은 않았다. 학생들과 함께 급식을 먹고 두런두런 이야기도 나누니 정이 더 쌓이는 것 같았다.

토요일에도 4교시 수업을 하던 시절이라 한 달에 한 번 집에서 먹는 반찬을 한 가지씩 가지고 와 양푼에 밥을 비벼 나누어 먹었다. 여건이 마땅치 않은 아이들은 밥, 나무젓가락, 참기름, 종이컵 등을 담당했다. 그리고 비빔밥에 빠지면 서운한 나물은 내가 준비했다. 콩나물, 무생채, 숙주나물 등 만들기 쉬운 것으로 골라 새벽에 만들어 가면 큰일 하나는 덜게 된다. 거의 20년이 지난 일인데 지금 생각해도 침이 고인다.

2교시가 끝나면 책상을 밀고 둥글게 앉는다. 각자가 준비한 것들을 가운데 모으고 대야에 때려 붓는다. 그리고 마지막에 참기름과 고추장을 적당히 넣고 밥주걱으로 골고루 비벼가며 간을 맞춘다. 밥은 은선이와 태영이가 참 잘 비볐다. 어울릴 것 같지 않은 반찬들의 조합이지만 먹어보면 맛

있다. 좁은 공간에 끼어 앉은 마흔여섯 명의 서로 다른 우리 같았다.

평소 편식이 심하던 아이들도 그날만큼은 누구도 투덜거리지 않고 자기가 덜어간 음식을 싹싹 비웠다. 눈치 보지 않고 양껏 먹었다. 부족하지도 남지도 않을 만큼의 양이었다. 부족하고도 넘쳤을 것이다. 하지만 아이들은 그날의 분위기를 망칠까 자기 속내를 드러내지 않았을 것이다. 나 역시 임신 중이었던 터라 나물을 만드는 일이 힘들었고, 비위 상하는 음식도 있었지만, 빨간 립스틱이 지워지는 줄도 모르고 입이 터지도록 밥을 욱여넣었다.

식사가 끝나고 뒷정리는 아이들 몫이었다. 배 나온 담임을 억지로 자리에 앉히고 양푼을 씻고 바닥을 닦았다. 민정이는 자두 맛 사탕 하나를 나에게 내밀었다. 후식으로 준비해 주는 그 사탕이 얼마나 달콤하던지. 철없는 선생님은 아이들의 후한 대접을 당연히 여기며 앉아서 즐기고만 있었다. 그런 아이들이 또 있었을까?

✳✳✳

식당에는 수능을 막 치른 다 자란 아이들이 기다리고 있었다. 어제 숙제를 주고 집에 보낸 아이들을 오늘 아침에 다시 만난 듯 우리는 자연스러웠다. 추억을 공유한다는 것은 시간을 뛰어넘는 초능력을 가진 기분이다. 부디 그 추억이 아이들에게도 좋았기를 바라며 자리에 앉았다. 서로 살아온 이야기를 하며 누가 먼저랄 것도 없이 자연스럽게 술을 곁들였다.

"쌤, 하나도 안 변하셨어요."

"뭐래? 지금이 더 이쁘지. 그때가 내 인생 제일의 암흑기인 거 몰라?"

말이 끝나기 무섭게 지환이가 단체톡에 사진 한 장을 보냈다. 진심으로 욕을 할 뻔했다. 사진 속 나는 70킬로그램이 넘는 육중한 몸에 한복을 입고 머리를 올백으로 넘기고 있었다. 그리고 빨간 립스틱을 발랐다. 역광이라 얼굴이 까맸다. 지환이 어머니가 졸업 기념으로 찍어준 사진이었다.

지환이도 나도 입술과 눈만 보였다.

"당장 지워라."

아이들은 깔깔거리며 액자로 만들겠다며 나를 놀리고 지환이는 핸드폰을 숨겼다.

"저희끼리 무슨 이야기 하고 있었는지 아세요?"

"뭔데, 뭔데?"

"쌤이 오늘도 빨간 립스틱을 바르고 올까? 아닐까?"

"그게 왜?"

"기억 안 나세요? 쌤 진짜 맨날 빨간색 립스틱만 발랐어요. 하루도 안 빠지고요. 저희끼리 내기도 하고 그랬어요."

"뭐라고? 진짜?"

오래전 제자들을 만나 찐한 추억을 나누었다. 이젠 아이들과 함께 나이 들며 먼저 살았던 사람으로서 고민 정도는 들어줄 존재가 된 셈이다.

어쭙잖은 충고 따위는 할 생각도 없다. 다만 그들보다는 조금 두둑한 지갑을 열어 따뜻한 밥 한 끼로, 술 한잔으로 시간을 내어 줄 수 있다. 정말 막막하고 답답할 때 부모님은 부담스럽고 친구는 가볍다고 느껴지는 딱 그 시점에 내가 떠올랐으면 좋겠다.

  그 시절 빨간 립스틱을 바른 '나의 선생님'으로.

에필로그
#1

너는 내 운명

이불을 뒤집어쓰고 시위를 벌였다. 나는 교대에 어울리는 사람이 아닌데, 아빠는 진주교대가 아니면 날 대학에 보내줄 생각이 전혀 없었다. 교대엔 세상에 둘도 없는 모범생들이 다녔다. 그래서인지 대학 생활도 고등학교와 별반 다르지 않아 보였다. 그것도 맘에 안 들었고, 진주여고를 다니며 오다가다 본 진주교대 캠퍼스는 새로 지은 우리 여고보다 조금 더 컸다. 나는 스무 살 성인이 되면 더 큰 세상으로 나가고 싶었다. 서울의 멋진 대학가를 누비는 게 꿈이었다. 현실로 이루어지지 않아 꿈인가 보다. 내 발악에 속이 타들어 간 건 애꿎은 엄마와 여동생인 것이 미안해 지랄을 멈추고 면접을 보러 갔다.

    교대 생활 4년 중 2년을 딱 장학금을 받을 만큼만 공부했고 과 동기들과도 그다지 친하게 지내지 않았다. 수강 신청하는 날 짧은 반바지를 입고 왔다는 이유로 조교 선생님의 잔소리를 들었다. 그 시절 교대는 보수적인 곳이었다. 수업 끝나기가 무섭게 학교를 벗어났다. 외모도 태도도 돌연변이였던 나는 교대를 계속 다닐 마음이 없었다. 가고 싶었던 서울의 대학에 가지 못했다는 설움을 가슴에 안고 허황된 꿈만 꾸며 발을 땅에 붙이지 못하는 가엾은 청춘이었다. 교대 동기들 역시 그들이 만든 공고한 관계 안에 나를 들일 마음이 없어 보였다. 자의와 타의가 적절히 조합되어 학교에서 나는 짧은 머리에 말투가 사나운 자발적 소외자가 되었다.

    3학년이 되면 교대생들의 실습이 시작된다. 실습을 하

면서 비로소 선생님이 되어도 좋겠다는 생각이 들었다. 학급을 배정받으면 친구들에게 외면받는 아이들이 그렇게나 나를 잘 따랐다. 말이 없던 아이, 문제아로 불리던 아이, 그리고 특수와 일반 학급의 경계에 있는 아이들이 특히 그랬다. 한 학급에 실습생이 6~7명 배치되는데 그런 아이들이 유독 나에게 말을 걸고 내 옷자락에 매달렸다. 나도 그 손들을 뿌리치지 않았다. 나의 어린시절도 별반 다르지 않았기에 그 아이들의 마음을 잘 이해할 수 있었던 것은 아닐까 싶다. 내게는 관심과 반응의 유전자가 있는 것 같다. 내가 내비치지 않아도 상대가 알아볼 수 있도록 태생적으로 타고난, 나도 어둡지만 나보다 좀 더 어두운 이에게는 밝아보이는 어떤 표식이 있어 보인다. 그것이 아이들을 나에게로 이끄나 보다.

  참관 수업 때였다. 반 친구들이 바보라고 놀리는 여자아이 하나가 내 손을 꼭 붙잡았다. 그리고 말을 걸었다. 나는 친절하게 대해주었다. 어릴 적 전학을 가서 친구 하나 없던 나에게 공깃돌을 주머니에서 꺼내며 먼저 친구하자고 말을 건넸던 눈 작은 코찔찔이 은자가 생각났기 때문이다. 내가 그 아이를 챙기는 것을 본 다른 실습생들은 그 아이에게 관심을 주지 않았다. 실습생들과 친하지 못했던 나와 친구들과 친하지 못한 그 아이는 서로 사이좋은 친구가 되었다. 그 아이 이름은 미정이었다.

어느 점심시간의 일이었다. 누군가 여자 화장실 문을 잠그고 나오지 않아 아이들이 화장실을 이용하지 못하고 발을 동동거리며 선생님을 찾아왔다. 당시 담임 선생님은 남자였다.

"선생님, 김미정이 또 똥 싼 것 같아요."

담임 선생님은 말없이 한숨만 쉬었다. 처음 있는 일이 아니었나 보다. 다른 아이들이 실습생들에게 말했다.

"선생님들이 가서 열어줘요."

다들 눈치만 보고 있었다. 그런데 왠지 나를 바라보는 듯한 시선이 느껴졌다.

내가 화장실로 가자 아이들이 우르르 몰려들었다. 혹시나 몰라 아이들을 모두 물렸다. 사춘기 여자아이의 부끄러운 모습을 함부로 보여줘서는 안 된다는 생각이었다. 화장실에는 이미 냄새가 진동했다. 화장실 문을 두드렸지만, 인기척이 없었다.

"안에 미정이 있니? 미정아. 말빛 쌤이야. 문 좀 열어봐."

여전히 아무 소리도 안 났다.

"밖에 아무도 없어, 애들 다 교실에 가라고 했어. 선생님이 치워줄게."

나는 무슨 용기로 똥을 치워주겠다고 말했을까? 나도 잘 모르겠다. 그때는 그래야만 할 것 같았다. 여러 번의 두드림 끝에 목소리가 들렸다.

"진짜 아무도 없…어요?"

"그럼, 진짜야. 얼른 나와."

문이 빼꼼 열렸다. 미정이는 울고 있었다. 열린 문틈으로 본 아이의 표정은 생각보다 덤덤했다. 이미 여러 차례 있었던 일이라 그랬나 보다. 아이가 입을 옷이 없었다. 실습생들은 체육복을 챙겨 다닌다. 얼른 교실로 가서 내 체육복을 가지고 왔다. 다시 문을 두드리고 화장실 안으로 들어갔을 때 사실 조금 후회했다. 아니, 솔직히 많이 후회했다. 미정이는 혼자 치워볼 요량으로 속옷을 벗어 바닥에 똥을 털어 놓았다. 그리고 화장실 청소함 대걸레를 꺼내 여기저기 밀고 다녔다. 화장실 안은 똥 천지였다.

'왜 나섰을까?' 냄새에 예민한 나는 토할 것 같은 기분을 참느라 계속 헛구역질을 했다. 긴 호스를 꺼내 수도에 연결하고 아이를 씻겼다. 다행히 여름이었다. 그리고 바닥에 흩어진 흔적을 빗자루와 큰 솔로 닦아냈다. 냄새는 없어지지 않았다. 미정이는 내 체육복으로 갈아입었고 나를 돕는다며 양동이에 물을 퍼다 날랐다. 호스에서 물이 나오는 것을 보고도 물을 받아 오는 아이를 보니 마음이 짠했다. 거의 한 시간이 흘렀다. 미정이는 진정되었고 나는 탈진하기 직전이었다.

"선생님 똥 냄새 억수로 많이 나요."

"그래. 이거 누가 다 쌌노? 미정이 니는 똥장군이가? 똥 덩어리가 엄청나게 크더라."

"히히히, 우리 엄마가 내보고 맨날 묵고 싸고만 한대요."

담임 선생님께 검은 봉지를 얻어와 물로 헹군 미정이 옷을 담았다. 교실로 돌아가는데 미정이가 내 손을 잡았다. 그리고 씩 웃었다.

나는 그때 선생님이 되기로 결심했다. 다 큰 아이의 똥을 치우는 나를 보고 나 스스로 놀랐다. 더럽지 않았다면 거짓말이다. 하지만 충분히 참아낼 수 있었고, 미정이의 웃는 모습에 마음이 놓였다. 교대생이 되기는 싫었지만, 선생님이 되고 싶은 순간이었다. 나의 어두움이 쓸모를 발휘할 수 있겠다는 생각이 든 날이었다.

그 일은 교사 생활을 하는 내내 나에게 큰 도움을 주었다. 발령받던 첫해 1학년 담임을 맡았다. 25년이 지났지만 또렷이 기억난다. 키가 작고 웃으면 반달눈이 되는 예쁜 아이였다. 5월쯤 아이가 교실에서 실수를 했다. 나는 당황하지 않고 아이를 안고 화장실로 갔다. 다행히 찬물로 씻겨도 되는 정도의 날씨여서 직접 씻기고 내 체육복으로 윗도리를 입혔다. 작은 아이가 입으니 원피스가 되었다. 하교 시간, 아이를 업어서 집까지 데려다주었다. 아이가 진정되도록 집으로 가는 내내 재미있는 이야기를 들려줬다. 미정이를 통해 배운 경험 덕분이다.

  미정이를 씻겨주던 날, 나는 실습에 입겠다며 큰맘 먹고 카드 무이자 6개월로 긁은 하얀색 재킷을 입고 있었다.

2장

안녕, 나의 명랑한 우울들

가시의 힘

나는 초등학교만 세 곳을 다녔다. 아이들이 자라자 더 큰 집이 필요했고, 가난했던 내 부모는 전 재산인 보증금 100만 원 조건에 맞는 집을 구하기가 힘들었다. 집은 도심에서 점점 변두리로 밀려났다. 어른들의 속사정 따위를 알 리 만무했던 삼 남매는 방 두 칸짜리로 이사하자 우리 방이 생겼다고 기뻐했다.

6학년에 전학한 변두리 학교는 학생수가 꽤 많았다. 곧

졸업이었으니 이제야 전학 온 나에게 관심을 가지는 아이는 거의 없었다. 다가가고 싶어도 그들만의 시간으로 쌓아 올린 단단한 성이 느껴졌다. 잦은 전학과 이사로 어딜 가나 이방인이었던 나에겐 그리 낯선 일도 아니었다. 성문은 닫혀 있었고 나는 성문을 열고 들어갈 용기도 의욕도 없었다. 가난이란 환경이 내 마음에 새겨 놓은 주홍글씨다.

친구가 없던 나는 하교를 하면 집에 가서 뒹굴거리다 심심하면 공부했다. 딱히 할 일이 없던 내게 공부는 취미 생활 같은 것이었다. 80년대에는 5시가 되어야 텔레비전 방송이 시작됐기 때문에, 친구도 없던 나는 낮에 공부밖에 할 게 없었다. 종일 텔레비전이 나오는 주말을 기다렸다.

어느 날 앞집에 사는 우리 반 아이가 대문 앞에서 나를 불렀다.

"나는 홍은자야. 너는 정말빛이지?"

아이의 말투는 어눌했고 코에서 맑은 콧물이 흐르고 있었다. 내가 가만히 있자 아이가 덧붙였다.

"우리 같이 놀래?"

순간 당황했다. 이 아이와 무엇을 하고 같이 놀 수 있을까? 솔직히 친구가 필요했다. 유일한 친구였던 여동생은 학교 정구부 선수가 되어 늦은 시간이 되어야 집으로 돌아왔다.

"뭐 하고 놀 건데?"

내가 쭈뼛거리며 물었다. 아이는 주머니에 손을 넣더니 작고 예쁜 공깃돌들을 잔뜩 꺼냈다. 저 많은 걸 주머니에 넣어 왔다니! 나와 놀려고 애쓴 아이의 착한 마음에 친구가 되고 싶었다. 먼저 말을 걸어준 유일한 이 아이와 사이좋게 지낼 거라고 마음먹었다. 그 후 은자와 나는 둘도 없는 친구가 되었다.

우리는 등하교를 같이 했고 학교가 끝나면 늘 우리 집에 와서 놀았다. 은자 할머니는 치매였는데 시도 때도 없이 담벼락 너머로 입에 담을 수 없는 욕설을 퍼부었다. 그래서 은자는 집을 싫어했다. 다른 아이들이 미미 인형을 가지고 놀 때 은자와 나는 종이 인형을 가위로 자르며 놀았다. 열세 살이었지만 은자의 가위질 솜씨는 형편없었다. 인형을 예쁘게 오린 내가 늘 공주 역할을 했다. 은자는 작은 눈을 게슴츠레 뜨고, 콧물을 훌쩍거리며 웃어주었다.

학교에 친구가 없어도 괜찮았다. 그런데 어느 날부턴가 아이들이 나를 투명 인간 취급했다. 은자까지 나를 모른 체했다. 진짜 왕따가 되었다. 어디를 가도 이방인이었지만 대놓고 왕따를 당하는 건 처음 있는 일이라 어찌할 바를 몰랐다. 다른 아이들에게 받는 '미움'이란 감정이 낯설고 불안했다. 당하고 보니 차라리 무관심이 나았다. 그리고 은자에게 너무 서운했다. 학교에서 혼자 있는 시간을 견디기 힘들어, 점심 시간에는 집에서 혼자 밥을 먹고 돌아왔다. 다른 사람 다 필요 없으니, 은자만이라도 나에게 다시 말을 걸어주길 바라며 은자를 흘깃거렸다.

외로운 시간이 며칠이나 흘렀을까? 은자가 집 앞에서 기다리고 있었다. 서럽고 반가운 마음이 동시에 들었다. 하지만 은자에게 눈길도 주지 않고 집으로 들어가려는데 은자가 입을 열었다.

"애들이 너랑 말하면 나도 왕따시킨다고 했다. 너 없을 때 학급 회의를 해서 애들이 너랑 말하는 사람은 다 왕따라고 결정하더라."

"내가 왜? 뭘 잘못했는데?"

"네가 시내에서 전학와서 잘난 체한다고 싫다더라. 공부 좀 잘한다고 선생님이 너만 이뻐한다고."

"그래서 너도 그랬나? 내랑 안 논다고."

"안 그래도 애들이 바보라고 놀리는데 왕따까지 된다니까 무섭더라. 이제 안 그럴게. 같이 놀자."

담임 선생님은 교감 승진을 앞둔 분이었다. 내가 전학갔을 땐 평교사로 지내는 마지막 6개월이었던 셈이다. 교사가 되어 보니, 교감 연수를 마치고 발령을 목전에 둔 선생님들은 시간적으로 여유가 많다는 걸 알게 되었다. 그래서 담임 선생님은 우리 집 가정 환경을 보고 나에게 신경을 많이 써준 거였다. 그 옛날에도 사교육은 엄연히 존재했다. 학교가 끝나면 아이들은 주산, 피아노, 태권도 같은 학원에 다녔다. 특히 피아노 학원은 부의 상징이었다. 학원비가 다른 곳보다 비쌌고, 집에 피아노라도 있으면 부잣집 딸로 보던 시절 이야기다. 변변한 학원 하나 다니지 않던 내 형편이 딱했는지, 담임 선생님은 전학온 지 얼마 안 된 나에게 칠판에 아침 자습 내는 일을 시켰고, 내 목청이 크다며 웅변도 따로 가르쳐주셨다. 내가 글을 쓰게 된 것도 선생님 영향이 크다. 시조를 좋아하던 선생님은 우리에게 시조를 가르치셨고 대회에서 나는 늘 1등을 했다. 아이들 눈에는 차별로 보였을 상황이 맞다. 우리 집 가정 형편이 어렵다는 사실은 선생님만 알고 있었을 테니 말이다.

 은자에게 앞으로 다시 그러면 진짜 너랑 안 놀 거라며 협박 아닌 협박을 했다. 원래 친구는 은자밖에 없었고 은자만 있으면 왕따도 견딜 수 있었다.

 다음 날 같이 등교를 하자 아이들이 동요하기 시작했다. 나는 아무 말도 하지 않았다. 은자도 그랬다.

 1교시가 끝나고 쉬는 시간, 선생님이 안 계시는 교실에서 일이 벌어졌다. 사나웠던 그 남자아이 이름은 기억나지 않는다. 그 아이가 은자에게 욕을 퍼부었다. 은자가 일어나서 자리를 피하려 하자 은자를 때렸다. 배를 발로 찼다. 은자는 아파하며 바닥에 앉아 엉엉 울었다.

나에게 하나뿐인 친구 은자가 곤경에 빠지니 내 속에 있던 가시가 피부를 뚫고 올라왔다. 나는 남자아이를 향해 내가 알고 있는 모든 욕을 저주하듯 퍼부었다. 그러자 남자아이가 나를 때렸다. 순간 나는 눈이 돌았다. 교실 뒤에 있던 물이 든 양동이를 가져와 남자아이 머리에 쏟아부었다. 놀란 아이들은 아무 말도 못 했다. 혹시 자기에게 불똥이 튈까, 아이들이 나에게서 멀어지는 게 느껴졌다. 분노가 차올랐다. 한편으론 희열을 느꼈다. 난 투명 인간이 아니라고, 나도 여태 교실에 있었다고, 너희들의 무시가 싫었다고 온몸으로 보여주었다.

"다시 한번 내랑 은자 건드리면 다 죽여버릴 거다!"

악을 썼다. 교실에 정적이 흘렀다. 나는 그때 나에게 가시가 숨어 있었다는 것과 가시는 힘이 세다는 것을 알아버렸다. 그날 이후 나는 완전히 달라졌다. 누구도 만만하게 볼 수 없도록 약한 마음을 꼭꼭 숨기고, 거칠고 사나운 가시 옷을 입은 가시 소년이 되었다.

함부로 나에게 다가오지 말라고!

번아웃

교사 11년 차, 내 계획이 순조롭게 진행되었다면 승진 대상 1순위가 될 수 있었다. 말로는 승진할 생각이 없다면서도 완전히 내려놓지는 못한 어정쩡한 상태였다. 그해 능력 있는 교사, 보호자(부모가 아닌 보호자가 늘면서 학부모 대신 보호자로 호칭이 바뀌는 추세다)들에게 인정받는 교사가 되는 데는 성공했다. 그런데 동료들에게는 인정받지 못한 교사였다. 안타깝게도.

정식 교사로 재직 당시 50학급이 넘는 큰 학교에 근무했다. 학교의 규모가 커지면 동 학년(같은 학년)이 조직적으로 움직인다. 교육 과정, 수업 자료, 안내장 하나까지 학년 단위로 통일해야 했다. 초임 시절에는 아무것도 몰라서 선배 선생님들을 쫓아가기만도 벅찼다. 선배는 하늘이었고 선배 따라 대학원도 가고, 만삭의 몸으로 논문 써서 석사 학위를 받은 것도 열심히 쫓아다니다 벌어진 일이다. 사실 나도 지독했다. 유산의 위기를 겪으면서도 끝내 학위를 땄으니 말이다. 석사 학위는 승진 점수에 포함됐다. 교육청에서 주최하는 각종 연구 대회에 입상하면서 승진 점수는 더 쌓였다. 이쯤 되니 주변에서 일찍 승진을 준비하라는 선배님들의 조언이 이어졌다. 나는 정말 승진하는 줄 알았다. 출산 전까지는 그랬다.

첫 아이를 낳고 키우면서 경력이 쌓이고 교육관이 견고해지면서 학교의 '다 같이' 문화에 반발이 생겼다. 그것을 획일화라 생각하고 담임의 재량을 침범하는 것으로 판단했다. 다 같이 하는 일을 진행은 하면서도, 틈틈이 내 학급만의 특색 사업을 추진했고, 각종 연구 대회에 지원하여 우리 반만 유독 눈에 띄는 결과물을 만들어냈다. 그러기 위해 남들보다 두 배 이상 노력했다. 젊고 화려한 외모에 친절까지 장착한 교사였기에 보호자들의 지지를 한몸에 받았다.

동료 선생님들은 그런 나를 좋게 보지 않았다. 시기와 질투인가 생각하며 넘겨보려 애썼다. 그때는 뭐가 잘못이었는지 알지 못했다. 승진 점수를 받으려고 한 행동이 아니어서 더 헷갈렸던 것 같다. 지금 와 생각해 보면 나는 돋보이고 싶어 노력했을 뿐이다. 아무것도 하지 않으면 내 존재감이 사라질까 두려운 마음이 컸다. 우울을 감추려는 명랑함처럼, 나는 남들 앞에 작아 보이는 나를 참을 수 없어 눈에 띄는 행동을 반복했다. 승진에 잠시 솔깃한 건 선배 선생님의 조언 때문이었지, 내 욕망 때문이 아니었다. 내 욕망은 그렇게 전혀 다른 방향이었다.

내 낮과 밤 사이, 우울과 명랑의 경계를 몰랐던 그들은 나를 조롱하며 비난했다. 농담인 듯 웃으면서 드러나지 않게. 나를 승진에 목을 매 아이들을 이용하고, 학년을 곤란

하게 만드는 훼방꾼으로 몰아갔다.

　누구에게도 피해를 줄 마음이 없었다. 내 학급은 항상 평화롭고 아이들과 나는 행복했다. 그거면 됐다 싶어 그들에게 변명하지 않았다. 여린 내 마음도 들키고 싶지 않았다.

　그런데 육아 문제도 한몫했다. 근무하던 지역의 초등학교 아이들이 학원에 치여 사는 걸 보면서 내 큰아이는 사교육 없이 키우기로 마음먹었었다. 소신을 밝혔더니 동료 교사들은 걱정을 가장한 비아냥을 시작했다. 옷 사 입을 돈으로 아이 학원을 보내면 되겠다고 웃었다. 내 앞에서 사교육 정보를 은밀히 나누며 내 아이를 안타까워했다.

　나는 어떤 대응도 하지 않았다. 다수 앞에서 대놓고 소외당하고 싶지 않았다. 그런 경험은 평생에 한 번이면 족했다. 속없이 웃고 집으로 돌아가 우는 날이 허다했다. 나는 빈껍데기만 남은 나비의 허물처럼 위태롭게 삶에 매달려 있었다.

　수업하는데 뭔가 아래로 쏟아지는 느낌이 들었다. 다리 사이로 피가 흘러내렸다. 서둘러 옆 반 교사에게 아이들을 부탁하고 그대로 가방을 챙겨 병원으로 향했다. 다행히 학교 가까운 곳에 예전에 암수술을 받았던 병원이 있었다.

차 시트는 피범벅이 되었고 내 얼굴은 눈물범벅이었다. 이대로 죽는 건가 두려움이 몰려왔다. 응급실로 뛰었다. 간호사 선생님의 놀란 얼굴을 보고 그대로 실신했다. 눈을 떴을 때 나는 침대 위에 누워 있었다. 의사 선생님의 다급한 목소리가 들렸다. 보호자가 와야 수술할 수 있다고 했다. 자궁 외 임신이었다. 아이를 잃었다. 내 영혼도 산산이 부서져 흩어졌다. 자궁 외 임신은 수술로 낙태를 시킨다. 어차피 낳을 수 없는 아이인 줄 알면서도 그 아이와 함께 나도 사라져버렸다. 그들을 향해 저주를 퍼부었다.

모든 의욕을 잃었다. 죽지 않을 만큼의 시간을 보냈다. 먹지도 자지도 못했다. 한 달 동안 몸무게가 10킬로그램이 빠졌다. 산송장이나 다름없었다. 학교 안에 진심으로 나를 위로하고 안아주는 한 사람만 있었다면 견딜 수 있지 않았을까. 하지만 아무도 없었다.

※※※

새벽 3시. 잠든 남편을 깨웠다.

"나 학교 그만두고 싶어."

"내일 가서 사표 내고 와…."

바로 남편의 대답이 돌아왔다. 덤덤한 남편의 말이 위로가 되었다. 그 어떤 말도 덧붙이지 않아서 고마웠다. 날 지켜주겠다는 마음 같았다.

모아 놓은 수면제와 맥주를 마시고 잠들었다. 원래 새벽같이 출근하는 남편이 그날은 출근을 안 하고 집에 있었다. 모를 줄 알았는데, 남편은 내가 위태롭다는 사실을 알고 있었다.

허물을 벗어던지듯

아침이면 내 명랑함을 더 빛내줄 화려한 옷차림으로 한껏 치장을 부린다. 향수 한 방울로 좋은 향기를 입히고 거울을 뚫어져라 바라본다. 이제 마지막 준비만 마치면 집 밖으로 나갈 수 있다. 무기력한 우울의 그림자가 드리운 내 얼굴만 가리면 된다. 얼굴을 가린다는 것은 다른 사람에게 보이는 내 마음까지 다 가려야 함을 말한다. 거울을 보고 방긋 웃는 연습을 한다. 내 얼굴은 어느새 명랑한 얼굴의 정말빛으로 바뀌어 있다. 길들여진 가면은 힘이 세다.

"엄마 출근한다." 말하는 목소리에도 생기가 넘친다. 반짝이는 구두를 신고 현관문을 열고 나오는 순간 내 우울들은 모두 집에 버려둔다. 이제 하루를 명랑한 교사 정말빛으로 살아내야 한다.

***

나는 병을 진단받기 전에도 지금과 별반 다르지 않았다. 학교에서는 무한한 에너지를 쏟아내는 능력 있는 교사이자 아이들에게는 한없이 좋은 선생님이고자 노력하며 살았다. 노력의 결과는 보호자들의 신뢰와 학생들의 사랑이라는 달콤한 열매를 나에게 안겨주었다. 치열한 업무와 연구의 결과들은 나를 승진의 길로 직진하게 했다.

하지만 집으로 돌아온 나는 내 아이들을 돌보는 일마저 힘들어하며 하루하루 시들어갔다. 과연 누구를 위한 삶이냐는 자조 섞인 질문들에 밤을 새우는 날이 허다했고 아무것도 하고 싶지 않아 불 꺼진 방에 혼자 앉아 울기도 많이 울었다. 내가 불쌍했고 인생이 허무했고 밤은 하염없이 길었다. 누구나 인생을 살며 양가감정을 느끼고, 하나의 얼굴로만 살아가지 않는단 걸 알고 있다. 그래서 처음에는 지친 줄로만 알았다. 그래야 그나마 납득이 갔다.

  교문을 열고 들어서면 나는 완전히 다른 사람으로 변한다. 어젯밤 인생을 비관하던 나는 어디에서도 찾아볼 수 없다. 아이들에게 웃음을 주려 엉덩이를 흔들고 오리 흉내를 내는 재간둥이 명랑한 선생님으로 탈바꿈한다. 운동장을 가로지르며 물총 놀이에 옷이 홀딱 젖을 때 살아 있음을 느낀다. 아이들이 웃는 모습을 보면 세상을 다 가진 것 같은 충만함을 느낀다. 글로 다 표현할 수 없을 정도다.

  이제야 솔직히 고백해본다. 동료 교사들의 세련되고 멋있다는 칭찬은 내 유일한 자존감 회복의 출구였다. 남들 보기에는 부족함이 없어 보였어도 나는 늘 내가 싫었다. 못생겨서 싫었고, 똑똑하지 않아서 싫었고, 1등이 되지 못해 싫었다. 철저한 자기 부정형 인간이었다. 그걸 들키지 않으려고 너 치열하게 살았다. 어쩌면 나의 알맹이는 학교에 모두 내어주고, 빈 옥수수 대만 남은 채 집으로 돌아갔기에 우울의 늪에서 허우적거린 것이 당연했을지도 모른다.

아무것도 모르던 초임 시절, 동기 선생님 한 명이 그랬다.

"우리 언제까지 이 일을 할 수 있을까? 정년퇴직할 수 있겠지?"

"글쎄. 난 지금처럼 힘들면 나이 들어서는 못 할 것 같아."

그러면서 나는 한마디 덧붙였다.

"나는 아이들을 사랑할 수 있을 때까지만 할 거야."

"그게 내년이라도?"

"응. 선생님은 그래야 한다고 생각해."

내가 생각하는 선생님은 그런 직업이다. 아이들을 사랑하고 아이들에게서 사랑받으며 행복한 일상을 만들어 가는 사람. 모든 아이에게 사랑받을 순 없겠지만 아이들을 이해하고 사랑을 나누어 줄 준비가 된 사람이어야 한다. 책임이 있어야 한다.

"선생님 왜 울어요?"

수학 문제를 풀던 민지가 물었었다. 내가 수업 시간에 울고 있었다. 이제 더 이상 견딜 수 없다는 것을 직감했다.

그해는 유난히 동료 교사들과 관계가 나빴고 육아에도 유난히 지쳐 있었다. 같은 학년 선생님들은 나의 학급 운영을 학년 운영 원칙에 따르지 않는다면 독단적이라 몰아붙였고, 나는 담임 교사의 자율권이라며 날을 세워 대립했다. 그들 앞에선 당당하게 쏘아붙였지만, 집으로 돌아와선 상처받은 말들을 천 번도 넘게 되새기며 피가 날 때까지 상처를 긁었다.

남편은 새로 들어간 직장에서 능력을 인정받으며 할 일이 늘어났고 출, 퇴근 시간이 늦어 집안일에 전혀 신경 쓸 여유가 없었다. 그런 남편에게 잔소리한다고 달라질 것이 없다는 것을 알고 스스로 체념한 채 마음속으로 원망을 쌓아 올렸다.

나는 암 진단을 받고 치료한 경험이 있다. 다행히 조기에

발견해 건강을 회복할 수 있었다. 하지만 병을 앓은 후 남 탓을 하는 버릇이 생겼다. 모든 불행을 남 탓으로 돌렸다. 동료 교사들과의 갈등도 모두 그들 탓으로 돌리고, 해결하려는 노력조차 하지 않고 나 혼자 일방적으로 피해자 흉내를 냈다.

3주 동안 잠을 잔 시간이 30시간이나 될까? 몸무게가 8킬로그램이 줄었다. 한계점에 도달했다. 명랑할 에너지가 남지 않았다. 내 아이들을 사랑할 자신이 없었다. 떠날 때가 되었다.

그리고 일주일 후 사표를 냈다.

페르소나

쫓겨날 직장도 없어진 마당에 이제 아이들을 위해서라도 내 병을 알고 살아야겠다는 결심을 했다. 다시 살아내야 한다고 생각했다.

나와 마주 앉은 정신과 선생님은 30대 후반 정도로 보이는 남자였다. 어디가 불편한지, 증상은 언제부터였는지, 두려운 것은 무엇인지 끊임없이 질문하고 답했다. 의사 선생님은 차트에 뭐라고 열심히 쓰고 있었다. 그러고는 약을 처방해 줄 테니 다음 상담에 다시 만나자는 말을 남겼다. 30분 가까운 시간 동안 그가 내게 해준 말은 '아', '네', '그리고요'가 고작이었다. 의사 선생님의 태도에 약간의 불만이 있었지만, 처음이어서 그러려니 생각하고 약을 처방받아 집으로 돌아왔다.

  약을 먹으니 멍한 기분이 들기도 하고 졸린 것 같기도 하고, 살면서 처음 느껴보는 나른함이 감돌았다. 그 기분이 불쾌하지는 않았고, 약을 먹기 위해 나는 밥을 열심히 먹었다. 간호사 선생님이 잠자기 직전에 먹어야 한다고 신신당부한 약을 먹고 잠을 잤다. 먹고 자니 움직일 기운은 생겼다. 사람 사는 것이 참 단순하다. 머리와 마음이 아무리 엉망으로 얽혀 있어도 끼니 잘 챙기고 잠을 자니 몸이 바로 반응했다. 나는 참 단순한 일들을 스스로 해결해 내지 못하고 있는 환자라는 사실이 인정되었다. 겉으로 보기에는 티가 안 나지만, 마음의 병이 있는 것은 분명해 보였다.

  두 번째로 상담을 갔다. 어떠냐는 의사 선생님의 질문에 밥을 먹고 잠을 좀 잔다고 했다. 의사 선생님의 질문이 좀 더 구체적으로 바뀌었다. 부모님은 어떤 분이었는지, 전 직장에서는 어땠는지, 나는 나를 어떻게 생각하고 살았는지, 주변에 친하게 지내는 사람들은 어떤 성향인지… 주로 이런 질문들이었다. 지금까지 내가 살아온 환경과 현재의 내 문제 사이에 상관관계가 있는지 살피는 것 같았다.

　나는 나를 어떤 사람으로 생각하지? 한참 고민하고 답했다. 나는 영리하고 유능한 직업인이었다고 말했다. 많은 사람 앞에서 당당하고, 학생들 가르치는 일을 사랑하며, 치장을 좋아한다는 말도 했다. 겉으로 보이는 모습과 다르게 매우 소심하고 겁이 많은 성격이라는 것도 말했다. 다른 사람의 기분과 감정에 눈치를 살피고 누군가에게 미움을 받을까 늘 걱정한다고도 했다. 결혼하고 아이를 낳았지만, 아직 아버지를 무서워한다는 말도 했다. 의사에게 담담하게 이야기를 하면서도 내 속에서는 참 여러 가지 생각이 들었다. 다른 사람에게 솔직하게 털어놓은 '나'는 충분히 잘 전달되었을까?

　"페르소나라고 아세요?"

"아니요."

"가면 우울증입니다. 정말빛 님이 여태껏 보여준 사회에서의 모습은 본인의 나약함과 우울함을 들키고 싶지 않아 만든 방어기제입니다. 우울증은 꾸준한 상담과 약물로 치료할 수 있는 병이니 걱정하지 마세요."

"선생님, 제가 학교를 옮기고 나서 적응을 못 했고 유산까지 겹치면서 힘들어진 상태예요. 예전에는 이렇게 우울하고 죽고 싶지는 않았어요. 그럼 여태까지 제 모든 행동이 거짓이었다는 건가요?"

"페르소나는 모든 사람에게 내재된 기질입니다. 환자분의 경우 과하게 작용한 것뿐입니다."

"저, 지난 10년간 잘 지냈어요. 저, 밝고 명랑한 사람이에요."

받아들이기 쉽지 않았다. 여태 내가 이루어 낸 모든 것들이 거짓이라니. 아니 그간의 내 모습들이 가면을 쓴 광대였다고? 기가 막혔다.

내 인생에서 가장 찬란했던 10년을 부정하는 의사를 신뢰할 수 없었다. 더는 상담을 가지 않았다. 병을 인정하는 순간 '좋은 선생님'이었던 날들이 광대의 서커스에 불과해진다. 나는 가면을 쓴 광대가 아니라는 것을 증명하고 다시 빛날 것이라 다짐했다.

집으로 돌아와 엉망이 된 집을 정리하고 아이들을 위해 마트에서 장을 봤다. 약 기운이었는지 오기였는지 이 모든 일을 해냈다. 아이들을 위해 웃어 보이고 함께 산책하러 나갔다. 오랜만에 엄마랑 나오니 좋다며 둘 다 놀이터에서 깔깔거리고 한참을 놀았다. 아이들이 웃으니 힘이 났다.

나는 우울증도 페르소나도 아니다.

가면이라는 이름으로 내 과거를 정의내릴 수 없다. 절대로!

폭우

"비가 오면 비를 맞고 거어러 가요. 잃어버린 추억을 찾아서…."

그날 우리는 광녀(狂女)처럼 노래를 불렀고, 교복 치맛자락에서는 물이 줄줄 흘러내렸다.

***

마트를 다녀오는 길, 앞이 보이지 않을 만큼 비바람이 몰아쳤다. 신호 대기를 받고 서 있는데 중학생 아이 셋이 보였다. 안간힘으로 우산을 부여잡고 있었지만 한 아이의 우산이 뒤집혔다. 아이는 우산을 내리더니 그대로 뛰어갔다. 빗속을 수영하듯 자유롭게.

초등학교 동창이었던 은자와 연화, 나는 셋이 모여 겨우 한 사람 몫을 하는 모지리들이었다. 따로 있을 때는 우중충한 색으로 눈에 띄지 않았지만 셋이 모이면 빛나는 하나가 되어 서로의 모자란 부분을 채워주는 사이였다.

은자는 특유의 혀 짧은 말투와 우스꽝스러운 표정으로 웃음을 담당했고, 연화는 곱상한 외모와는 달리 말보다 행동이 앞서는 행동 대장이었다. 나는 별스러운 재주가 없어 얼간이들의 두목 역할을 했다.

중학교 3학년이 되어 각자 다른 반으로 흩어졌지만 쉬는 시간이 되면 매점으로 달려가 튀긴 쥐포 한 장을 사서 서로의 입에 넣어 주면서 헤헤거렸고, 점심 시간에는 아이들이 모르는 체육 창고 구석에 모여 앉아 시답잖은 이야기를 나누며 깔깔거렸다.

별다른 재미도 없고 의미도 없는 시간과 공간이라도 누구와 있는지에 따라 그곳이 천국이 되기도 하니, 사람이 가장 중요한 것 같다. 술을 좋아하지 않지만 좋은 사람과 시간을 보내기 위해 자리에 참석하게 되고, 관심도 흥미도 없던 운동을 친구의 권유로 함께 시작한 것을 보면 말이다.

셋은 서로 다른 이유로 학교 생활을 힘들어 했지만 마음 맞는 친구가 있다는 것만으로 학창시절은 즐거웠다. 우리의 시간이 좋았다.

열여섯의 여름, 이미 어른만큼 다 커버린 여자아이들은 비가 억수 같이 쏟아지던 날, 솜씨 좋은 울 엄마 이 여사에게 찌짐을 얻어먹기 위해 우리 집으로 향하고 있었다. 그 시절 우산들은 어찌 그리 멀쩡한 것이 없었는지, 살이 휘어지거나 어딘가에서는 꼭 물이 샜다.

폭우를 뚫고 가는데 살이 빠진 은자 우산이 반쯤 뒤집혔다. 성질이 난 은자는 우산을 바닥에 내팽개쳤고, 우산은 금세 바람에 실려 어디론가 날아가버렸다. 연화와 내가 깔깔거리며 웃고 있는데 은자가 갑자기 길가에서 춤을 추며 노래를 부르기 시작했다.

"비가 오면 비를 맞고 거어러 가요. 잃어버린 추억을 찾아서…."

순식간에 은자는 홀딱 젖었고 교복 블라우스가 몸에 달라붙어 펑퍼짐한 실루엣이 그대로 드러났다.

"니 미쳤나?"

내가 걱정의 말을 던지기 무섭게 연화도 우산을 접더니 같이 비를 맞았다. 웃어야 할지 울어야 할지, 졸지에 미친 자들 사이에서 정상인 내가 비정상으로 보였다.

"니도 해봐라. 억수로 시원하다."

연화가 나를 부추겼다. 하긴 우산을 썼어도 벌써 옷은 거의 젖었고 낡은 운동화는 물이 샜다. 비정상의 정상화를 위해 나도 구멍이 숭숭 뚫린 우산을 접고 비를 맞았다. 알 수 없는 해방감과 시원함에 이번에는 내가 노래를 불렀다.

세 얼간이는 집까지 가는 20분 가까운 시간 동안 끊이지 않고 노래를 부르며 서로 흙탕물을 튀기고 놀았다. 목이 찢어질 것 같았고, 비바람을 온몸으로 맞아내느라 지치기는 했지만 힘들지도 부끄럽지도 않았다. 살면서 가장 자유로웠던 순간이었다. 그 누구의 시선도 의식하지 않고 노래하고 몸을 덩실거렸던 열여섯의 내 옆에는 친구들이 있었다.

별것 없고 별일 아니었던 한 줄의 기억 속에 나는 빛나고 있었다. 광녀(光女).

신호가 바뀌고 나는 그 아이와 친구들이 어디로 가는지 보지 못했다.

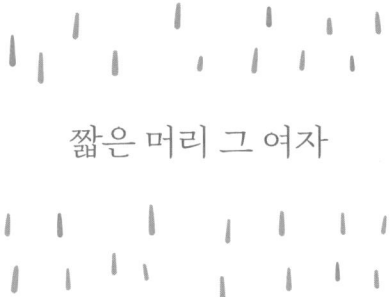

짧은 머리 그 여자

나는 평생을 통틀어 긴 머리로 살았던 기간이 채 10년도 안 된다. 처음 머리를 짧게 자른 이유는 머릿니 때문이었다. 내가 어렸던 70년대에는 잘 씻지 못했다. 지금처럼 수도꼭지만 틀면 뜨거운 물이 나오던 시절이 아니었으니 겨울엔 더 심했다. 연탄 아궁이에 양은 다라를 올려놓고 물을 끓이면 온 가족이 한 바가지씩 덜어 몸을 씻었다. 세탁기가 없어 겨울이면 옷을 자주 갈아입지 않는 아이도 많았다. 청

결은 사치였다.

제일 문제는 머릿니였다. 한 반에 한 명이라도 이가 생기면 전 학급 아이들이 머리를 벅벅 긁어대며 괴로움을 호소했다. 엄마는 우리 자매의 머리카락을 짧게 잘랐다. 그러니 내 짧은 머리의 시작은 선택 사항이 아니었다. 하지만 나는 그후로도 손질이 간편한 짧은 머리를 고수했다.

짧은 머리는 나의 시그니처 스타일이 되었다. '그 머리 짧은 사람 있잖아' 같은 식으로 설명되는 게 나쁘지 않았다. 좀 강해 보이기도 하고 어떤 이들은 세련돼 보인다고도 했다.

사실은 내 나약함을 감추기에 더없이 좋은 스타일이었다. 강해 보이는 외모로 내 우울함도 소심함도 들키지 않을 수 있어 만족스러웠다.

요즘 들어 다시 머리를 길러보려 한다. 감추고 싶던 것을 털어놓았으니, 이젠 온순한 사람으로 보이고도 싶다. 예쁜 머리핀을 아이들과 나누어 꽂아보고도 싶다.

사람이 나이가 들면 하고 싶은 것도 갖고 싶은 것도 줄어

든다는데, 꿈도 많고 호기심도 많은 나는 아직도 청춘인가 보다. 세월이 흐를수록 더 어린 마음으로 살고 싶다. 아이들과 언제나 맨발로 뛰어놀 수 있는 그런 마음으로 살고 싶다.

엄마는 좋다

냉동 요망!

빨간색 테이프로 감싼 하얀 아이스박스 두 개가 현관 앞에 덩그러니 놓여 있었다. 짜증이 치밀어 올랐다. 장정 같은 아들이 둘인데 내가 없는 이틀 동안 택배가 방치되어 있었다. 내가 신경 쓰지 않으면 누구 하나 챙기는 이가 없다. 비밀번호를 누르고 현관문 안으로 들어서니 열 켤레쯤 되는 신발이 정리되지 않은 채 널브러져 있었고 TV 소리는 요란했다. 인기척이 들리는데 나와 보지도 않는 아들들이 야속했다.

가끔 엄마가 보고 싶은 날이 있는데 이틀 전이 그런 날이었다. 아무런 계획 없이 옷가지와 책 두어 권을 챙겨 경남 사천의 고향집으로 향했다. 세종에서 사천까지 거리도 꽤 먼 데다 비까지 내렸지만, 약간의 우울이 동반된 충동을 제어하긴 힘들었다. 아들들에게 외가에 다녀오겠다는 문자만 남겼다.

***

"엄마!"

문을 열고 들어서는데 그제야 내 집에 온 듯한 냄새와 기운들이 느껴진다. 일을 마치고 돌아온 엄마는 문자 한 통 보내고 들이닥친 딸을 위해 이것저것 많이도 차리셨다. 작업복을 갈아입을 새도 없었나 보다.

"왔나?"

엄마 목소리가 밝았다. 나의 갑작스러운 방문이 불안한 마음의 표현인 것을 알고 있는 엄마는 일부러 더 큰소리로 나를 맞았다.

강된장에 코다리조림, 굴 무침과 굴전이 상에 올라 있었다. 언제 다 준비한 걸까? 딸기밭에서 일을 마치고 피곤할 법도 한데 싫은 기색 하나 없었다. 엄마만큼 나를 알아주고 챙겨주는 사람이 또 있을까?

신발을 벗고 잘 차려진 밥상 앞에 앉았다. 수저를 챙겨주면서도 굴전을 굽는 엄마의 뒷모습에 분주함이 묻어났다. 하지만 기분 탓인지 돌아선 등에 그늘이 보였다.

"엄마, 난 엄마 딸로만 평생 살면 좋겠다. 엄마랑 맛난 거 먹고, 놀러 다니고, 주말에는 같이 목욕도 가고."

눈물이 올라오는 걸 간신히 참았다. 우울하다는 증거였다. 이유 없는 외로움과 허전함을 엄마에게 위로받고 싶어 하는 평생 철들 것 같지 않은 이기적인 딸이었다. 내 우울함의 원인을 단정 짓지 못하듯, 엄마에게 지나치게 집착하는 이유도 잘 모르겠다.

내가 실 없어 보였는지 엄마는 피식 웃었다. 엄마에게 나는 아픈 손가락이다. 몸이 아파 안쓰럽고, 어디 하나 야무진 구석이 없어 오십이 다 되어도 물가에 내놓은 아이 같은 약간은 모자란 딸이다. 엄마 마음속에 큰 구멍 하나가 나 때문에 생겼다.

아직도 기억한다. 입관 전 마지막으로 아버지 손을 잡고 엄마가 하던 말.

"보소, 당신 어차피 가는 거 우리 큰딸 아픈 거 다 가지고 가소. 우리 딸 좀 살리고 가소."

그래서 나는 살기로 했다. 병과 우울에 지쳐 뛰어내리고 싶은 모든 순간을 잊고 엄마를 위해 꼭 살 거다.

※※※

이유 없는 짜증에 눈치를 보던 아들이 미안하다며 쭈뼛거렸다. 씩씩거리며 집안 정리를 하는데 옆에서 서성거리며 이것저것 주워 날랐다. 나는 아들들에게 어떤 엄마일까? 내가 엄마를 사랑하는 만큼 아들들도 나를 사랑해줄까? 생각이 많은 밤이다.

선호에게

 살면서 누구에게 가장 미안하냐고 묻는다면 선호가 떠오른다. 2002년도 6학년 2반, 찬란한 추억으로 가득했던 교실 한켠, 내 교직 시절 내내 가장 미안해 가슴에 담아둔 이름이다. 이선호.

 선호는 남자아이들에게 선망의 대상이었다. 키도 크고 덩치도 좋고 운동도 잘했다. 공부까지 잘하고 리더십이 있어 주변에 친구들이 끊이질 않았다. 소란스럽던 교실도 선호의 한마디면 조용해졌고 학급의 중요한 결정이 있을 때도 큰 영향력을 행사했다.

내가 너무 어리고 미숙했다고 변명하고 싶다. 나는 선호를 의심했다. 《우리들의 일그러진 영웅》의 엄석대 같은 아이라 여겼다. 교사인 나보다 아이들에게 더 큰 신뢰를 얻는 것 같아 시기하고 질투했다. 선호의 모든 행동을 부정적으로 보았다. 작은 실수라도 하면 더 많이 혼냈고 칭찬에는 인색한 모질고 독한 선생님이었다.

하루는 선호가 학교에 오지 않았다. 집에는 학교에 간다고 말하고 나선 아이가 교실에 없었다. 겁이 났다. 도둑이 제 발 저리다고, 나의 잘못된 행동들이 느린 동작으로 하나하나 스쳐 갔다. 선호와 친한 아이들을 시켜 갈 만한 곳을 찾아보게 했다. 얼마 지나지 않아 아이들이 선호를 데리고 교실로 돌아왔다. 학교에 오기가 싫어 동네 놀이터에 대책 없이 앉아 있었다고 했다. 진심으로 미안했다. 하지만 비겁하게도 나는 또 선호에게 사과하지 않았다. 이후로 선호에게 아예 관심을 가지지 않으려 애썼다. 그 또한 사과가 필요한 일이다.

　아이들이 수능을 보고 나온 그해 모임에 선호는 고맙게도 참석해 주었다. 나는 선호에게 내가 많이 부족했었다고, 미안하다고 사과했고 선호는 조금 놀란 표정으로 내 사과를 받아주었다.

　선생님이라는 사람은 어떤 편견으로도 학생을 대해서는 안 된다는 것을 그때 가슴 깊이 새겼다. 나 역시 학창 시절 만나 나에게 반항심만 키워준 못된 선생님들과 다를 게 뭐가 있겠는가. 잘못을 저지르고 또 반성하면서 사람은 조금씩 성장한다지만 그때 그러지 않았더라면 좋았을 것이라 늘 생각한다. 나로 인해 상처받았을 열세 살 소년에게 때지난 사과가 무슨 의미가 있을까 싶기도 하다.

　선호야,
　모자란 선생님이 너에게 다시 한번 진심으로 사과한다. 선생님은 그때보단 경험이 많아졌고 같은 실수를 반복하지 않기 위해 애를 쓰며 산단다. 내가 너를 사랑으로 대했다면 나는 참 멋진 제자에게 '우리 선생님'이라는 말을 들었을 텐데 그러지 못해 내내 마음이 아팠다. 부디 그때의 나를 잊어버리고 멋진 어른으로 잘 살아가기를 바란다. 그리고… 그때 너는 아무것도 잘못하지 않았다.

칭찬 파티

여름날 한낮의 옥상은 뜨겁기만 하다. 아빠는 도대체 언제 다시 나가려고 하는 걸까? 오늘따라 점심을 오래도 먹는다. 장독대 뒤에 숨어 있기가 너무 힘들다.

쿵짝쿵짝

쿵짝쿵짝

시험을 망쳤어. 오, 집에 가기 싫었어.

열받아서 오락실에 들어갔어.
어머 이게 누구야, 저 대머리 아저씨
내가 제일 사랑하는 우리 아빠.

– 한스밴드 〈오락실〉 중에서

우리 아빠는 왜 시험을 망친 나를 집에도 들어가지 못하는 겁 많은 아이로 키웠을까? 나는 왜 오락실로 도망가는 깡도 없는 아이였을까? 나는 가끔 아빠를 원망한다.

***

아이들이 출근하는 내 손을 뚫어져라 바라본다. 한 달에 한 번 칭찬 파티를 하는 날이다. 나는 아이들이 좋은 일을 하면 칭찬 점수를 준다. 점수 기준은 엿장수 마음이다. 다만 칭찬 항목에 학습은 포함되지 않는다. 즉, 공부를 못 해도 칭찬 점수를 받는 데 전혀 지장이 없단 뜻이다. 예를 들어, 급식을 받은 만큼 다 먹으면 칭찬 1점을 받을 수 있다. 책을 읽고 독서 기록 한 줄을 써도 점수를 받는다. 수업 시간에 손 들고 한 마디만 발표해도 받을 수 있다. 아이들은 열심히 참여한다.

한 달에 한 번 점수를 모아 순위를 정한다. 아이들에게 순위는 아주 중요하다. 1등은 자리 결정권을 갖는다. 한 달 동안 앉고 싶은 자리를 정할 수 있다. 친한 친구와 옆자리에 앉기 위해, 또는 남학생들끼리 모여 앉기 위해 작전을 짜기도 한다. 모든 일에는 노력이 필요한 법이다. 아주아주 중요한 칭찬 선물도 순위가 높아야 먼저 고를 수 있다. 경쟁적으로 보일 수 있지만 상처받지 않을 정도의 경쟁은 즐거움이 되기도 하고 동기부여로 작용하기도 한다.

칭찬 선물은 포장이 되어 있어 내용물을 볼 수 없다. 먼저 고르는 혜택도 사실 큰 의미가 없다. 나는 1천 원에서 1만 원 사이의 선물 25개를 준비한다. 뻥튀기, 포켓몬 카드, 스티커, 과자, 학용품, 문화상품권 등 크기와 종류를 달리해 예쁘게 포장한다. 작지만 비싼 것도 있고 작고 싼 것도 있다. 포장만으론 내용물을 예측하기 어렵다.

　모든 아이들이 선물을 고르고 자리에 앉으면 한 명씩 포장을 뜯는다. 시선이 한곳에 모이고 침묵 속에 포장지 바스락거리는 소리만 들린다. 1등 연우가 뽑은 선물은 노래방용 새우깡 한 봉지. 아이들이 깔깔거리고 웃었다. 연우 본인도 박장대소했다. 다음으로 민지가 포장지를 흔들어 봤다. 아무 소리도 들리지 않았다. 민지가 뽑은 것은 다이소에서 산 무릎 담요다. 민지는 만족의 미소를 지었다. 마지막으로 동우는 작고 가벼운 봉지를 열기 전에 기도하는 시늉을 했다. 아직 문화상품권이 나오지 않았기 때문이다. 아이들도 문상을 기대하는 눈치다. 짜잔. 편지지 세트가 나왔다. 가끔은 예상을 벗어나기도 해야 이벤트가 된다. 모두가 얼떨떨한 표정을 지었다.

　항상 예상했던 결과만 기다리고 있는 일상은 무료할 것 같다. 똑같은 오늘이 반복되지 않기에 우리는 노력하고 기대하고 애쓰며 살아간다. 그 시간이 채워지며 아이들은 자란다. 우리가 함께 보내는 시간이 행복에 가까웠으면 좋겠다. 내가 아이들을 위한 선물 25개를 고르며 25가지 상상을 하고 25번 웃은 만큼 아이들이 나와 같이 웃었으면 좋겠다.

칭찬 파티가 끝나고 100개의 칸이 빈 새 칭찬 판을 나누어 주었다. 새로운 한 달이 시작되면 아이들은 칭찬 점수를 받기 위해 책을 읽고 밥을 먹고 교실 구석진 곳 어딘가를 청소하는 일상을 맞을 것이다. 반복되는 하루 안에서 조금은 다른 기쁨과 슬픔, 행복과 우울을 경험하며 기억과 추억들을 쌓아갈 것이다.

나는 아이들 25명의 2,500개의 인생의 빈칸에 '칭찬 1점' 스티커를 채우기 위해 쓰디쓴 알약 100알을 넘게 삼키고 자다 깨는 밤을 반복할 것이다. 어쩌다 뽑은 포장지에서 문상이 나오길 기대하는 마음으로 아침마다 교실 문을 열고 아이들을 만나러 가, 기억과 추억 중에서도 가장 밝은 한 부분이 되기 위해 애쓸 것이다.

무릎 딱지

"엄마가 아침에 죽었다."

샤를로트 문드리크 작가의 그림책 《무릎 딱지》의 첫 문장이다. 자고 일어난 사이 엄마가 죽은 아이의 불안한 심리와 엄마를 잊고 싶어 하지 않는 마음을 잘 그려냈다. 얼마나 외롭고 그리울 텐데 그 와중에도 아이는 등을 돌려 울고 있는 아빠의 등을 토닥거린다.

어제 나는 마당을 뛰어다니다가 넘어지고 말았다.

무릎에 상처가 나서 아팠다.

아픈 건 싫었지만 엄마 목소리가 또 들려왔다.

그래서 아파도 좋았다.

나는 딱지가 앉기를 기다렸다가 손톱 끝으로 긁어서 뜯어냈다.

다시 상처가 생겨서 피가 또 나오게.

아파서 눈물이 찔끔 나오려 했지만, 꾹 참았다.

피가 흐르면 엄마 목소리를 다시 들을 수 있으니까.

그러면 조금은 덜 슬프다!

이 대목을 읽으며 나는 많이도 울었다.

***

아버지가 돌아가셨다. 어제까지 통화하며 농담을 하던 아버지가.

젊은 날의 아버지를 떠올리면 좋은 일보다는 아팠던 기억이 더 많다. 엄마는 늘 나에게 입버릇처럼 말하곤 했다. 다른 형제들이 뭐라고 해도 나는 아버지를 비난해선 안 된다고 말이다. 아버지는 여고 3년을 비가 오나 눈이 오나 나를 통학시켰고, 우리 형편으론 어림없던 오디오 세트를 내 방에 들여주었다. 배움이 짧았던 아버지에게 공부 잘하는 딸은 더없는 자랑거리였다.

아버지가 돌아가시기 일주일 전이 명절이었는데 처음으로 본가에 가지 못했다. 극심한 우울과 수면 장애로 몸무게가 한 달 사이 10킬로그램이나 빠졌고 수시로 찾아오는 공황은 나를 옴짝달싹 못 하게 했다. 엄마를 걱정시켜드리고 싶지 않아 안 가는 편을 택했다. 그런데 명절이 지나고 며칠 후 울면서 전화하는 여동생의 전화를 받았다. 그렇게 얼굴도 못 보고 허망하게 나의 아버지를 보냈다.

아버지를 여의고 난 후에야 당신을 향한 내 진심에 미움만 있었던 건 아님을 알게 되었다. 미움 뒤에 숨겨져 있던 고마움과 미안함, 그리고 젊은 시절 아버지를 안쓰럽게 여겼던 진짜 마음과 마주했다. 부족했지만 우리 가족의 버팀목이었단 사실도 그제야 보이기 시작했다. 엄마의 통곡과 소리 내어 울지 못하는 남동생의 들썩이는 어깨를 보면서, 그리고 실신하듯 쓰러진 나를 보면서 말이다.

아버지가 돌아가시고 13년이 흘렀다. 기일이 되면 아이들은 내 눈치를 본다. 절을 하고 술잔을 올리면 어김없이 눈물이 흐른다.

"엄마, 이제 그만 울어."

작은 아이가 친정 가는 길에 늘 하는 말이다.

우리는 이별을 준비할 시간이 없었다. 아버지를 이해하고 용서하며 더 좋은 곳으로 가시라고 말하지 못했다. 그림책 속의 아이가 억지로 딱지를 긁어내고 피를 흘리며 엄마 목소리를 그리워하듯 나는 내 마음속 딱지를 계속 뜯는 중이다. 아버지를 용서하지 못한 내 마음에 상처를 내가며 아버지를 소환한다. 내가 좀 더 나이가 들어 감정이 완전히 무뎌지면 아버지를 놓아줄 수 있을까.

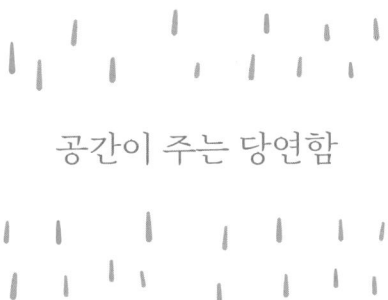

공간이 주는 당연함

탁탁탁.

새로 산 무선 자판기 소리가 좋다. 나는 지금 작업실에서 글을 쓴다. 이 작업실은 누구에게도 알리고 싶지 않지만 실은 사람들에게 자랑하고 싶은 나만의 공간이다.

급하게 가방을 챙겼다. 바쁜 일도 없는데 서둘러 집을 나섰다. 기다리는 사람도 없고 시간 맞춰 가야 할 이유도 없지만, 작업실로 향하는 내 발걸음은 언제나 바쁘다. 사실

집에 아무도 없다. 내 방에 가구라고는 침대와 책상뿐이라 글을 쓰는데 어려움이 없는 것도 사실이다. 그런데 집에서는 도저히 집중이 되질 않는다.

차를 몰고 시골길을 지나 작업실에 도착했다. 작업실 입구에는 벼가 무르익으면 창밖을 바라보기 좋은 카페 〈무르익〉이 있다. 그 앞을 지날 때면 마음이 평온해진다. 아직 벼가 익으려면 한참이나 남았는데도 말이다.

지난 가을 갑작스레 작업실이 갖고 싶어졌다. 하는 작업이라고는 글 몇 줄 쓰고 초보자급 실력으로 그림 그리기가 고작이다. 하지만 평소에 알고 지내던 동화작가 한 분이 작업실이 있어 좋다는 얘기를 하는데 충동적으로 생긴 '나도 갖고 싶다'는 마음을 떨쳐낼 수가 없었다. 혼자는 외롭고 싫지만, 집에서도 어차피 혼자인 시간이 대부분이다.

결심이 서자 다음날 집에서 가까운 원룸촌 부동산에 갔다. 두어 집을 살펴보고 지금의 작업실을 바로 계약했다. 중고로 책상을 사고, 새벽 배송으로 미술 도구들을 주문했다. 여행용 캐리어에 책을 가득 담아서 두어 번 나르는 이사를 혼자서 낑낑거리며 해냈다. 남편과 상의하지 않은 일이라 도와달라는 말을 못 했다.

작업실 공간은 소중하고도 유용하다. 누구의 방해도 받고 싶지 않을 때 나는 이곳을 찾는다. 주변에 형제도 친구도 없는 내게 작업실은 유일한 놀이터다. 여기서 그림을 그리고 글을 쓰면 시간이 어떻게 가는 줄도 모른다. 외로울 틈이 없다. 갑자기 마주하는 우울에서 도망칠 때면 이곳을 찾는다.

작업실은 어쩌면 내 허영의 민낯일지도 모른다. '여러분, 저는 작업실을 두고 글을 쓰는 사람입니다'라고 말하고 싶은지도 모르겠다. 아니다. 나는 최선을 다하는 중이다. 나는 혼자서도 외롭지 않다…. 사실은 외롭다. 누군가와 함께 있어서 느끼는 외로움은 혼자일 때보다 더 힘들기 때문에 공간 이동을 선택한 것뿐이다. 공간이 주는 당연성. 내가 선택한 혼자만의 공간이니 외로운 게 아니라 일부러 혼자를 즐기는 중이라고 나를 위로하는 것이다.

혼자

1999년 수원의 한 초등학교에 첫 발령을 받은 뒤 처음으로 집을 떠나 진짜 독립을 했다. 내 수중에 가진 돈이라곤 발령 전 기간제 교사를 하면서 모은 200만 원이 전부였다. 자취방을 알아보러 다녔던 2월은 날씨도 춥고 마음도 추웠다. 내가 마주한 자본주의의 냉혹한 현실 앞에서 서러움에 눈물이 흘렀다.

90년대에는 부동산과 구인 정보를 제공하던 〈교차로〉라는 지역 신문이 있었다. 〈교차로〉를 들고 내 수중의 200만 원으로 보증금을 치를 수 있는 집을 찾아다녔다. 찾아간 집들은 한결같이 벽에 곰팡이가 슬거나 부엌과 잠 자는 공간이 분리되지 않은 곳들이었다. 대문도 따로 없이 길거리에서 문을 열면 바로 방이거나 벽지 대신 신문지를 붙여 놓은 집들이었다. 최악은 공용화장실을 써야 한다는 사실이었다. 진주였다면 방과 부엌이 분리되어 있고 개인 화장실을 사용할 수 있는 집을 구할 수 있는 돈이었다. 임용 시험 치를 때 서울을 처음 가보았으니 수도권에 대한 정보가 너무 없었다. 더는 그 동네에서 방을 찾고 싶지 않았다.

나는 큰 길가에 있는 커피숍에 들어가 앉았다. 깨알 같은 글자를 다시 읽으며 내가 못 보고 지나친 정보는 없는지 보고 또 보았다. 깊은 한숨을 내쉬고는 카페를 나와 집으로 돌아가는 버스를 기다리고 있었다. 그때 정류장 전봇대에 '보증금 200/ 월 15 반지하'라고 손으로 써서 붙인 종이가 눈에 들어왔다. 하늘이 도왔다! 전화를 걸었더니 지금 당장 오지 않으면 방이 나갈 수도 있다는 주인 아주머니의 말에

곧장 달려갔다.

　주인 아주머니의 첫인상이 좋았다. 집은 학교에서 꽤 떨어진 곳에 있었다. 대문 안으로 작은 마당이 있는 단독 주택들이 모여 있는 동네였다. 골목으로 들어가면서 가로등도 확인했다. 집은 겉으로 보기에도 정갈한 다가구 주택이었다. 대문 바로 앞에 내 집이 될지도 모르는 방이 눈에 확 들어왔다. 반지하로 창문과 지면이 닿아 있었고, 옆쪽 작은 계단을 올라가면 1.5층부터 집들이 시작되는 구조였다. 나는 반지하 방이 마음에 들었다. 먼 거리는 내가 부지런히 움직이면 될 일이니 바로 계약했다. 지금 생각해도 다행스럽다.

　3일 후 아버지가 트럭에 내 짐을 싣고 엄마, 여동생과 함께 올라왔다. 길가에서 누가 버리려고 내놓은 옷장과 쓸 만한 살림살이를 챙겼다. 아버지는 큰맘 먹고 미니 냉장고를 사오셨고 엄마는 밥그릇부터 참기름 한 방울까지 내가 먹고살기에 지장이 없도록 모든 것을 준비해 주었다. 부모님은 집주인에게 잘 부탁한다는 인사를 하고는 부랴부랴 진주로 다시 내려가셨다.

여동생이 수원에 남아 짐 정리를 도왔다. 중고 가게에서 3만 원짜리 TV, 2만 원짜리 선풍기, 그리고 작은 책꽂이도 하나 샀다. 2월의 추운 날씨에 둘이서 그걸 낑낑거리고 들고 오면서도 우리는 즐거웠다. 꿈꾸던 독립을 이뤄서 좋았고 여동생이 옆에 있어줘서 좋았다.

집으로 돌아와 소소한 것들을 정리하다 보니 화장대가 없었다. 손재주가 좋은 여동생이 두꺼운 라면 박스에 테이프를 붙이고 천을 씌워 화장대를 만들어주었다. 돈을 꽤 벌고 나서도 여동생이 만들어준 화장대를 한동안 계속 썼다. 마음이 고마운 물건이었기 때문이다.

다음날 여동생도 진주로 내려갔다. 진짜 혼자가 되었다. 부모님이 가실 때는 잘 몰랐던 먹먹한 감정들이 올라왔다. 그토록 바라던 독립이었지만 낯선 환경 때문에 불면의 밤은 더 길어졌다.

냉장고 정리를 하려는데 냉장고 덮개 주머니에 편지 한 통이 꽂혀 있었다. 여동생일 거라 짐작했지만 아빠가 써놓은 편지였다. 내 평생 딱 한 번 받아본 아빠의 편지다. 혼자서도 잘 챙겨 먹고 직장에서 어른들께 예의 잘 갖추고 아프지 말고 잘 지내라는 내용이었다. 투박한 손으로 맞춤법도 군데군데 틀리게 써내려간 편지가 나에겐 놀라움이자 감동이었다. 하지만 아빠가 어떤 마음이었을지 완전히 이해할 순 없었다. 당시 나는 스물다섯 어린 나이였고 아빠를 미워했다. 나이가 들고 나에게도 아들이 생기고 그 아이를 낯선 자취방에 혼자 두고왔을 때에야 비로소 아빠의 편지가 다시 생각났다.

훗날 알게 된 사실인데, 수원에서 진주로 내려가는 4시간 내내 아빠가 울었단다. 변변한 자취방 한 칸 구해주지 못하고, 가구 하나 사줄 수 없던 당신의 무능함을 탓하며 큰딸을 주는 것 없이 타지로 보낸 안타까움 때문이었단다. 그 편지에는 한번도 아빠에게 들을 수 없었던 '사랑한다.'는 말이 글로 쓰여 있었다.

알람

 남편이 켜는 TV 소리는 내 주말 알람 소리다. 뽀시락뽀시락 뭔가 간식거리를 찾아 분주히 움직이는 모습이 상상되어 침대에서 더 이상 뭉갤 수가 없다. 반쯤 감긴 눈을 비비고 일어나 곧장 주방으로 향한다. 다행히 남편의 아침 식사 메뉴는 늘 똑같다. 물에 밥 한 숟가락과 마른 누룽지를 넣어 끓이고, 멸치 몇 마리에 묵은지를 넣고 새우젓을 넣어 지지면 끝이다. 김치 지진 것을 시집 와서 처음 먹어보곤 좀 놀랐다. 경상도에서는 생경한 음식이다. 국물 없는 멸치 김치찌개 느낌인데 누룽지 반찬으로는 딱이다.

남편은 원래 아침을 먹지 않는 사람이었다. 나는 어릴 때부터 아침 식사는 국과 반찬을 갖추어 제대로 먹었다. 엄마는 아버지가 술을 마시고 온 다음날이면 새벽 같이 일어나 번개시장에서 재첩국을 사왔다. 번개시장은 새벽 시간 기차를 타고 온 상인들이 반짝 물건을 팔고 파했기 때문에 일찍 나서야 했다.

이런 분위기에서 자랐으니 신혼 초만 해도 아침 식사를 하지 않는 남편이 마음에 걸렸다. 일찍 출근하는 남편을 위해 5시부터 일어나 식사를 준비했다. 밥, 국, 반찬 두어 가지를 차려낸 식탁을 남편이 눈으로 보기만 하고 출근할 때면 정말 속상했다. 나의 정성이 무시당하는 기분이었다. 한편으로는 저러고 나가면 점심시간까지 얼마나 배가 고플까 걱정도 됐다.

열세 살에 형 따라 서울로 유학온 남편은 밥을 차려주는 이가 없으니 제대로 된 식사를 하지 못했고 그것이 습관이 되었단다. 안쓰러웠다. 그래서 평생 같이 살며 밥은 잘 챙겨 먹이는 아내가 될 생각이었다. 우리 엄마처럼.

친구들은 요즘은 아침 안 먹는 사람이 많으니 신경 쓰지 말라고 충고했지만, 꼭 아침 식사를 하는 나로서는 혼자 아침밥을 먹는 것도 편치 않았다. 당시 임신 중이어서 먹는 것에 꽤 정성을 들이는 중이기도 했다.

시어머니께 전화를 걸어 남편이 좋아하는 것들을 여쭈어보고 메뉴를 바꾸었다. 찐 감자를 좋아한다고 해서 감자를 쪄주기도 하고, 누룽지를 좋아한다는 말에 아침마다 뚝배기에 밥을 해서 누룽지를 만들었다. 가끔은 감자밥도 지었다. 정성이 통했는지 아니면 미안해서였는지 남편은 밥을 먹기 시작했다. 아침 밥을 먹기 시작한 남편이 살이 오르고 얼굴이 좋아진 걸 본 시어머니가 얼마나 좋아하시던지… 참 잘한 일이라고 스스로 으쓱했더랬다.

지금은 후회 중이다. 그냥 내버려둘걸. 결혼 22년 차가 되니 그때의 열정은 사라지고 만사가 귀찮다. 친정 엄마에게 왜 가정 교육을 그렇게 해서 딸들을 밥에 목 매는 구여

성으로 만들었냐며 장난 섞인 불만을 늘어놓는다. 결정적으로 이제 우리 집 식구 중에서 아침밥을 먹는 사람은 남편뿐이다. 아이들도 어린 시절엔 꼭 밥을 챙겨 먹였는데 지금은 잠이 더 좋다는 녀석들을 굳이 설득하지 않는다. 나는 다이어트를 하면서 간헐적 폭식을 위해 아침을 커피 한 잔으로 대신한 지 오래다. 상황이 이렇다 보니 아침밥 하기가 너무 싫다.

아니다. 좋은 마음으로 다시 생각해 보니, 내가 남편을 위해 해주는 일이 너무 없다. 세탁소에 세탁물 맡겨주는 것 이외에는 밥을 챙겨주는 게 전부다. 이것까지 소홀히 하면 남편이 조금 서러워할 것 같다는 생각에 밥은 계속 하는 중이다. 내가 남편을 위해 평생 해주기로 약속한 일이자 내가 해줄 수 있는 몇 안 되는 일이니까.

남편이 나를 위해 평생 해주기로 약속한 일도 있다. 남편은 청소를 하고 일주일치 커피를 준비한다. 한번도 거른 적이 없고 불평도 없다. 우리 부부는 서로 말이 없다. 그러니 재미도 없다. 같이 살아감에 큰 불만도 없다. 둘 다 남의 삶에 크게 관심도 없다. 없는 것투성이지만 그게 삶이려니 하고 살아간다. 남편의 주말이 잘 먹고, 잘 쉬는 진정한 휴식이길 바라면서 점심 메뉴를 고민한다. 우리의 주말은 이렇게 흘러간다.

흰수염고래

너 가는 길이 너무 지치고 힘들 때

말을 해줘. 숨기지 마. 넌 혼자가 아니야.

우리도 언젠가 흰수염고래처럼 헤엄쳐 두려움 없이 이 넓은 세상 살아갈 수 있길.

그런 사람이길.

- YB의 〈흰수염고래〉 중에서

어느 날인가 눈을 떠보니 차 안에서 잠들어 있었다. 기억나지 않는 내 행동 때문에 몸서리치도록 두려운 밤이었다. '운전하지 않아서 다행이다. 다른 곳으로 가지 않아서 다행이다.' 다행인 이유를 세었던 것은 서럽고 두려운 마음을 걷어내기 위함이었다. 차에 앉아 오랫동안 울었다. 쉽게 진정되지 않았다.

집으로 올라가 새벽임에도 불구하고 체면도 다 잊고 친구에게 전화를 걸었다. 자다 깨서 전화를 받은 친구는 놀람이 지나쳐 격앙된 목소리로 말했다. 그 지경이 될 때까지 뭐했냐고. 아무것도 안 한 게 아니라고 변명하고 싶었지만, 화내는 친구의 목소리가 반가웠다. 진심이 와 닿았다. 친구의 진심이 나를 진정시켰다.

그날 오후 아무 말 없이 링크 하나가 전송되었다. 〈흰수염고래〉라는 노래가 흘러나왔다.

여름날 빗속에서 놀던 아이는 어디로 갔을까요? 자신이 어떤 사람인지 아마도 알게 되었을 거예요. 아니면 여전히

찾고 있겠죠.

— 리사 아이사토 그림책 《삶의 모든 색》 중에서

　폭우 속에서 우산을 벗어던지고 노래를 부르던 열다섯의 소녀는 아직 자신이 누구인지 모른 채 길을 헤매고 있다. 하지만 그 길이 한 줌의 빛도 없는 암흑일 거라 오해할 필요 없다. 사람의 감정이란 이 세상의 모든 색을 닮았다. 나는 그 많은 색 중 우울이란 색이 조금 더 짙을 뿐이다. 걷다 보면 작은 가로등 하나를 만나기도 하고 희미한 별빛을 친구 삼아 갈 수도 있다.
　나는 명랑한 우울증 환자다.
　부끄럽지 않다.
　친구야… 우리는 절망 속에 살지 않는다. 그렇지?
　그냥 그 모든 색 중 하나일 뿐이다.

여기는 동행입니다

병원 진료실에서 웃음소리가 끊이지 않는다. 정경 원장의 그것은 호탕하다 못해 건물을 집어삼킬 기세다. 나도 곧 저 방 안으로 들어가 내 안에 쌓아 두었던 말들을 쏟아내며 깔깔거리지 않을까 싶다. 순서가 오기를 기다리며 커피 머신에서 캡슐 커피 한 잔을 내려 마신다. 여기는 정신건강의학과 '동행'이다.

나는 병을 인정하고 난 후 새로운 정신과 의원을 찾아갔다. 그곳에서 정경 원장을 만났고 여기서라면 나를 다 드러낼 수도 있겠단 믿음이 생겼다. 정경 원장은 첫 만남에서 살고 싶다고 매달리던 나에게 웃으며 꼭 그러겠다고 말해주었다.

대기실에 앉아 있는 환자들은 각자 무언가에 집중하고 있었다. 표정도 각양각색이었다. 창가에 앉아 그림을 그리는 긴 머리 여학생은 햇빛을 받아 그런지 볼이 살짝 상기되어 있었고, 핸드폰에 집중하고 있는 중년 남성은 나쁜 뉴스라도 본 듯 미간을 찌푸렸다. 초진을 온 듯한 60대 여성은 궁금한 것이 많은지 데스크 간호사들에게 여러 가지 질문을 하고 있었다. 아마 많이 긴장되고 걱정될 테다. 여기 있는 우리 모두 처음에는 그랬다.

정신과 병원 대기실에는 여느 병원과는 달리 초조하고 불안해하는 사람들이 많을 거라 생각하겠지만 다른 병원과 전혀 다르지 않다. 마음이 아프고 잘 다치는 우리는 일상생활에 지장을 받는 경우가 종종 있기는 하지만 항상 어둡고 컴컴한 동굴 안에 갇혀 지내는 것은 아니다. 적어도 병을 인정하고 치료를 시작한 사람들은 말이다.

나는 대기실에 앉아 있으면 주로 '동행'의 모습을 사진으로 담고 짧은 글을 쓴다. 새로 들어온 그림을 감상하기도 하고 화분이 얼마나 자랐나 관심 있게 살핀다. 내 눈에 들어오는 한 컷을 찍고 그날 내 기분을 담는다. 그리고 SNS에 공유한다. 사람들이 평범한 일상을 찍어 공유하듯, 나에게도 정신과 의원에 오는 일이 보통의 날, 보통의 일상이 되었다. 이곳에 있는 우리의 병이 다 나으면 오늘은 지나간 하루에 불과하리란 강한 믿음을 가지고 있다.

사람들도 편안하게 병원문을 열고 들어오기를 바란다. 새어 나오는 웃음 소리에, 나는 오늘 어떤 이야기를 나눌까 잠시 생각에 빠졌다. 몇 주 만에 만나는 반가운 친구에게 들려줄 이야기를 생각하는 중이다.

진료실에 들어가니 정경 원장이 나를 물끄러미 바라보았다.

"선생님, 오늘은 표정이 많이 밝으세요."

아름다운 추억 한 자락을 이야기하느라 우리의 웃음소

리도 진료실 밖으로 새어 나갔을 것이다. 그날 나는 정경 원장에게 '참 잘했어요.' 도장을 받았다. 웃음소리가 하도 밝아서.

새 친구들

학교에 쓰고 다니던 명랑한 가면을 안 쓴 지 1년이 다 되어 간다. 우울하면 우울한 대로, 아무것도 하고 싶지 않으면 아무것도 하지 않으면서 살았다. 더 나은 내가 된 건지는 모르겠다. 자유 시간이 많아진 만큼 혼자만의 동굴에 더 오래 있는 것도 같다. 처음엔 좋은 것도 같았는데 최근엔 기분이 다운되는 일이 잦아졌고, 지인들의 걱정도 조금씩 자라났다.

하루는 해가 중천에 뜰 때까지 침대에 널브러져 있는데 아끼는 동생이 전화해서 내가 보고 싶다며 귀찮아하는 나를 기어이 밖으로 불러냈다. 누가 사랑만 주면 또 언제 우울했냐는 듯 만사 오케이가 되는 나는 몸매가 잘 드러나는 빨간 추리닝을 챙겨 입고 약속 장소인 카페로 나갔다.

"언니, 다시 학교에 나가보는 게 어때? 언닌 아이들 가르칠 때 젤로 에너지가 넘치잖아."

1년 전 우울의 한계치에 도달한 나를 챙기느라 그동안 잠시 잊고 있던 아이들의 재잘거리는 목소리가 귓가에 들려오는 듯했다. '나는 선생님이 제일 좋아요.', '선생님, 내년에도 우리 선생님 할 거죠?' 세상에서 가장 맑고 순수한 눈으로 이 부족한 선생님에게 오히려 넘치는 사랑을 나눠주던, 그래서 나를 가장 행복하게 해주었던 아이들이 사무치게 보고 싶어졌다. 그날 밤 침대에 누웠는데, 한번 떠오른 아이들 모습이 쉽게 떠나질 않았다. 나는 명랑한 가면을 다시 꺼내보기로 했다.

✳✳✳

반바지에 맨발의 남자아이가 나를 향해 걸어왔다. 깡마른 몸에 눈을 똥그랗게 뜨고 있었다.

"누구세요?"

"너는 누구니? 그런데 너 왜 맨발로 다니는 거야?"

"누구시냐고요?"

아이가 앙칼지게 나를 몰아붙였다.

"아, 나. 오늘부터 마루반 담임이 된 정말빛 선생님이야."

학교에서 미리 가정으로 안내했지만 방학 전에 있었던 일이라 별생각 없이 등교해서 담임 선생님이 바뀐 걸 보고 놀란 모양이다.

"안 녕 하 세 요."

"그런데 너희들 왜 맨발로 다니니?"

"우리 학교는 교실에서 실내화 안 신어요."

출근 첫날 아이들은 교실에 앉아 있는 낯선 선생님을 보고 긴장한 모습이 역력했다. 평소보다 좀 더 텐션을 올려 아이들 한 명 한 명에게 눈을 맞추고 인사해주었다. 아이들은 시키지도 않았는데 자리에 앉아 조용히 책을 읽었다. 1학기에 담임을 하셨던 선생님께서 학습 지도를 잘해두신 것 같았다.

1교시가 시작되었다. 아이들에게 나를 간단히 소개했다. 소개를 마치자 한 아이가 외쳤다.

"박쑤우."

"와!"

순식간에 교실 분위기는 밝게 바뀌었고 긴장감도 사라졌다. 덩달아 나도 신이 나서 어깨를 덩실거렸다. 교실에만 들어서면 나도 모르게 발산되는 명랑한 에너지는 나를 춤추게 한다. 시들어가던 꽃잎처럼 축 처져 있던 나에게 아이들의 미소가 다시 생기를 불어넣어 주었다. 어깨만 덩실거렸을까? 엉덩이 춤도 추었다. 그런 내 모습을 보고 아이들은 완전 무장 해제되었고 까르르 웃으며 야단법석을 떨었다.

나는 첫 수업으로 그림책 한 권을 정성스럽게 읽어주었

다. 한 명 두 명 그림책에 관심을 보이는가 싶더니 어느새 아이들 모두가 이야기에 몰입한 듯했다.

"선생님, 매일 읽어 주시면 안 돼요?"

"돼요. 우리 그림책처럼 예쁘고 재미있게 잘 지내보자."

아이들 앞에서 난 금세 행복해졌다. 학교에서만 유난히 도드라지는 나의 명랑함이 가면인지 아닌지 고민하느라 보낸 수많은 밤이 허무하게 느껴졌다. 가면도 나고, 가면을 쓴다고 착각하는 나도 나고, 아이들이 좋은 나도 나고, 혼자가 되면 우울한 나도 나다. 그냥 다 나였단 생각이 들었다.

우리 학교는 교실에서 실내화를 신지 않는다. 아이들이 맨발로 걸어 다닌다. 나도 가끔은 맨발로 교실을 돌아다닌다. 느낌이 좋다. 미끌거리지만 방바닥을 걷는 기분이다. 아이들은 교실 바닥에 배를 깔고 누워 이야기도 하고 책을 읽기도 한다. 꼭 한방을 쓰는 가족 같다는 생각이 들었다.

우리는 아침에 학교에서 만나 점심을 같이 먹고 오후에 헤어진다. 잠자는 시간을 제외하면 학교에서 지내는 시간이 가장 길 것이다. 어쩌면 가족보다 더 오래 보는 사이일

지도 모른다. 아이들이 모두 돌아가고, 나는 소독 용품과 걸레를 꺼내 교실 바닥을 깨끗이 닦았다.

***

집에 돌아와 방문을 여는 순간 살짝 짜증이 밀려왔다. 입고 정리하지 않은 옷들, 책상 위에 쌓인 책과 마시다 남은 음료병들, 화장대 위에 정리되지 않은 화장품과 약봉지들. 내 주변은 이렇게 엉망진창인데 그 넓은 교실을 소독하는 일을 마다하지 않는 나의 이중성. 하지만 난 앞으로도 이러고 살 확률이 높다. 그래서 이제는 조금 다르게 생각해보기로 한다. 학교에서라도 깔끔하고 정리된 모습의 인간으로 살아갈 수 있음이 다행이라고.

에필로그
#2

명랑의 이유

 2010년 11월 나는 직장을 그만두었다. 모든 건 나의 나약함과 비겁함 때문이었다. 당시에는 누구 때문에, 무엇 때문에 힘든 거라 생각했지만 돌아보면 그때 일어날 일이 그냥 일어났던 것뿐이다. 시간이 지나서야 알게 되는 것들이 있다. 그중에서도 가장 맞는 말은 '일어날 일은 일어난다'는 사실이다. 학교에서 힘들고, 동료와 관계가 좋지 않고, 아이를 잃고, 병에 걸린 일들 모두가 그냥 내 인생에서 일어날 일이었던 것이다.

현재 나는 과거에 머물러 살지 않는다. 오늘을 산다. 내일을 미리 걱정하지도 않는다. 그냥 사는 오늘이 모여 훗날 나의 기억이 되었을 때 좀 더 웃는 일이 많아졌으면 하고 바랄 뿐이다.

최근 나에겐 명랑의 이유가 생겼다.

가까운 곳에서 자기 삶을 씩씩하게 살아내시는 선생님께 깊은 울림이 있어 매우 내성적인 사람이라서 이런 적극성은 없는 사람인데 용기를 내보게 되었습니다.

우울하고 불안한 마음을 부여잡아가며 하루하루의 몫을 쥐어짜내고 있지만, 선생님 덕분에 조금 의지가 되고 든든한 하루입니다.

감사합니다.

알 수 없는 누군가가 내 브런치 글을 읽고 메일을 보내왔다. 더 긴 편지였는데 그중 일부를 소개한다.

나는 왜 작가가 되고 싶었는지 어떤 글을 써야 하는지 막막한 터널 속에서 길을 잃고 있을 때였다. 그러는 동안 다시 우울함이 나를 집어삼켰고 무기력해진 나를 보며 한계에 다다른 것이 아닌가, 내심 혼란스러웠다.

이젠 글을 써야 할 분명한 이유가 생겼다. 단 한 명의 독자라도 내 글을 보고 삶의 용기를 얻을 수 있다면 그것으로 만족할 수 있으리란 확신이 들었다. 내가 겪은 어둠 속에서 내게 필요했던 건 '단 한 사람'이었다. 어깨를 내어줄 사람이 아니라 우울함이 내 탓이 아니라고, 얼마든지 나아질 수 있다고 말해줄 사람 말이다. 그때 의사 정경을 만났다. 그리고 살아야겠다는 결심을 했고 살 수 있겠다는 희망을 품었다.

***

오늘 오후 제주도 여행을 같이 가기로 한 이 여사가 우리 집에 왔다. 그런데 현관문을 여는 순간부터 불편한 기색이 역력하다. 유난히 깔끔한 이 여사가 우리 집 꼬락서니를 보고 한숨을 몰아쉬더니 가방을 내리자마자 바닥에 널브러진 옷들을 정리하기 시작했다. 내 살림 내가 알아서 할 테니 아무것도 하지 말라고 해도 도통 들은 체를 않는다.

저녁을 먹고 둘이 앉아 이런저런 이야기를 하다가 요즘 내 상태에 대해 솔직하게 말했다. 그랬더니 이 여사가 입을 열었다.

"말빛아, 아무리 사람이 힘들어도 할 일은 조금씩 하면서 살아야 한다. 눈에 보일 때 풀을 뽑아야지, 안 그러면 풀밭이 돼서 농사를 지을 수가 없는 거다. 힘들어도 조금씩이라도 몸을 움직여."

"엄마, 눈에 풀이 보이는데 뽑을 힘이 있으면 그건 병이 아니지. 뽑아야 하는 걸 아는데 그걸 못하니 병이지. 약 새로 받아왔으니까 나아지겠지."

이 여사 눈시울이 붉어졌다. 마음이 아팠다.

옷을 갈아입고 나오니 이 여사는 벌써 대청소 준비를 하고 있다.

"내가 알아서 할 테니까 신경 쓰지 말고 가서 네 일 해라. 내 일은 내가 알아서 한다."

손끝 하나 움직일 수 없는 딸을 위해 당신이 할 수 있는 일을 해주고 싶어 하는 이 여사를 보니 미안함보다 안쓰러운 마음이 앞섰다. 나는 언제쯤 엄마의 마음 한쪽에 있는 돌덩이를 내려줄 수 있을까?

오늘까지만 아프고 싶다. 내일은 아무 일도 없었던 것처럼 이 여사와 웃으며 즐거운 여행을 즐기고 싶다. 아마 내일이면 이 여사와 환하게 웃는 사진을 포스팅한 여행 글을 쓰고 있을 것이다. 지랄맞은 우울도 그 정도 눈치는 챙겨주지 않을까? 새로 받은 약이 효과가 있었으면 좋겠다. 나와 이 여사, 그리고 내 글을 읽어주는 독자들을 위해서.

안녕, 나의 명랑한 우울들

초판 1쇄 발행일 | 2025년 1월 30일

지은이	정말빛
펴낸이	신선숙
기획편집	인생첫책
디자인	가혜순

펴낸곳	인생첫책
출판등록	2024년 2월 27일	제 2024-000036호
주소	경기도 고양시 덕양구 소원로 91 해피트리움 504호
이메일	thefirstbookoflife@naver.com
인스타그램	@thefirstbookoflife

ISBN　　979-11-990243-1-1 (03810)

* 책 가격은 뒤표지에 있습니다.
* 잘못된 책은 구입처에서 교환해 드립니다.

인생첫책은 여러분의 첫 책 출판을 위하여 최선을 다합니다. 저자와 출판사가 함께 만들어가는 협동출판을 지향합니다. 원고 투고와 협업 제안을 기다립니다.